연극과 영어 교육

영어 교사를 위한 연극 수업 가이드

English Language Teaching
Through Drama:

A Practical Guide for English Language Teachers

연극과
영어 교육

영어 교사를 위한 연극 수업 가이드

이노경 지음

상상박물관

머리말

어린 시절 누구나 한 번쯤은 동네 꼬마 친구들과 함께 소꿉놀이를 해 본 경험이 있을 것이다. 그 놀이에서 아이들은 엄마 또는 아빠가 되기도 하고, 마법에 걸린 공주님이나 괴물을 무찌르는 용맹스러운 영웅과 같은 상상 속 인물이 되어 보기도 한다. 자기가 아닌 다른 사람이 되어, 그 역할에 나름 충실하게 연기하며 놀이에 집중한다. 놀이터는 자연스럽게 '무대'가 되고 아이들은 그 무대의 주인인 '배우'가 된다. 뿐만 아니라 아이들은 주변에서 쉽게 구할 수 있는 상자나 의자를 소품으로 활용할 줄도 알고, 장소와 배역, 상황을 스스럼없이 만들어 내기도 한다.

소꿉놀이를 하는 어린아이들은 학습 이전에 이미 연극적 요소들을 알고 있을 뿐만 아니라, 소꿉놀이를 시작하기도 전 혼잣말을 하는 시기부터 인형에게 이름을 지어 붙이고 사람처럼 여기면서 감정을 이입하고 역할을 주는 등 극적 요소를 가미하기도 한다. 이처럼 연극은 전문가들의 어려운 용어를 부러 인용하면서 설명할 필요가 없을 만큼 인간의 본능과 연관된 놀이라 할 수 있다.

이렇듯 우리에게 본능적으로 친숙한 연극이란 틀을 교육 현장에서 외면할 리

소꿉놀이를 하는 어린아이들은 학습 이전에 이미 연극적인 요소들을 알고 있다. 연극은 인간의 본능과 연관된 놀이라고 할 수 있다.

없다. 실제로 많은 교육 전문가들이 언어적 기술 개발과 더불어 창의적 표현력 개발, 사회성 발달에 큰 효과를 얻을 수 있다는 점을 지적하면서, 연극을 예술의 영역에서 분리시켜 교육 현장에서 유용하게 쓰일 수 있는 유의미한 교육적 틀이라는 점을 강조하고 있다. 특히 초등학생들의 보편적 특징과 인지적, 정서적 발달 단계를 고려해 볼 때 초등 교육 현장에서 연극은 아주 매력적인 장치임에 틀림이 없다.

이처럼 연극의 교육적 유용성에 대해서는 일반적으로 인정하고 수긍하지만, 실제로 교실 수업을 담당하는 교사들 입장에서 연극은 수업에 적용하기에는 참 어려운 대상이다. 아무리 긍정적인 교육적 효과가 생긴다고 해도 연극을 하면서 발생할 예기치 못한 여러 변수에 대한 걱정으로 교사들은 연극이 탐이 나지만 수업에 시도하기조차 꺼리게 된다. 이는 마치 정말 가지고 싶은 물건임에도 다루기 어려워 만지작거리다가 아쉬움을 뒤로하고 포기하는 상황과도 같다.

연극이 지닌 교육적, 정서적, 심리적 효과를 인정한다 해도 국어 수업에서도 연극은 교사나 학생 입장에서 쉽고 편한 교육적 장치는 결코 아니다. 하물며 모국어가 아닌 '외국어로서의 영어 교육'을 위한 영어 연극 수업이란 더욱 시도하기 어려울 것이라는 예상과 우려는 오히려 당연한 일이다. "영어를 이제 갓 배우기 시작한 초등학생들이 영어로 연극을 할 수 있을까?"라는 학습자의 언어 능력에 대한 불안감은 물론, "연극을 전공하기는커녕, 연극을 배운 적도, 연극을 해 본 적도 없는 내가 연극을 가르칠 수 있을까?" 하는 교사 자신의 전문성에 대한 불신감, 무작정 대본을 외워서 하는 수동적인 활동에 대한 반감, 수업 시간의 부족, 준비 과정의 번거로움, 학생 관리와 통제의 어려움 등과 같은 현실적인 장벽 앞에 연극을 활용한 수업이 가져올 수 있는 긍정적 효과와 장점은 그 빛을 잃기에 충분하다. 뿐만 아니라 연극 수업은 교사의 철저한 준비만으로 성공이 보장되지

"아이들은 다른 언어를 배울 준비가 되어 있다"

수전 할리웰(Susan Halliwell)은 자신의 저서(*Teaching English in the Primary Classroom*, 2000)에서 아동의 특성을 바탕으로 언어 수업을 구성해야 한다고 말한다. 할리웰은 아동의 의미 파악 능력을 언급하면서, 아이들은 개별 어휘를 다 알지 못해도 전체적인 메시지를 대략적으로 이해할 수 있고, 제한된 언어량으로도 창의적으로 사용할 수 있는 능력을 지니고 있다는 점에 주목한다. 또한 아이들은 직접 학습보다 간접 학습 능력이 상대적으로 높아서, 정공법으로 가르치는 것보다는 자연스럽게 노출의 기회를 늘려 스스로 학습할 기회를 마련해 주는 것이 효과적이라고 주장한다. 무언가 스스로 찾고, 무언가를 하면서 즐거움을 느끼고, 본능적으로 놀이를 만들어 즐기며, 준비된 상상력을 지닌 존재로서의 아동의 특성은 연극 수업을 통한 언어 수업이 효과적일 수 있다는 주장에 힘을 싣는다.

않고 학습자들의 흥미, 관심, 참여로 완성되는 수업이기에 혹여 학생들이 외면하지나 않을까 하는 교사의 불안감이 커져만 가는 것도 사실이다.

이에 이 책은 영어 연극 수업에 대한 교사들의 불안감을 조금이나마 희석시키고 교사와 학습자 모두에게 의미 있는 수업이 될 수 있도록 다양한 언어 자료를 연극 활동으로 재구성하는 과정을 제시하고자 하였다. 결국 이 책은 "어떻게 하면 기존 연극 수업이 지닌 문제점을 개선하면서, 연극 수업을 통해 보다 효과적이고 창의적이며 생산적인 언어 수업을 만들 수 있을까?"라는 고민에서 시작되었고, 그 질문에 대한 답을 찾는 과정이라 할 수 있다.

현재 교육 현장에서 많은 교사들은 대본이 있는 연극이나 역할극과 같은, 암기식의 제한적이고 짧은 호흡의 연극 활동을 주로 하고 있으며, 언어의 정확성을 강조하여 목표 언어를 반복적으로 암기하여 발화하는 형식으로 연극을 활용하는 경우가 대부분이라고 할 수 있다. 하지만 이처럼 정확성을 강조한 초등 영어 지도는 학습자의 흥미를 떨어뜨릴 수 있고 지속적인 동기 부여가 어렵다는 단점이 있다. 적어도 초등 단계는 '배우다(study)'의 목적어로서 영어가 아닌, '가지고 놀다(play with)'의 목적어로서 영어가 필요한 시기이다. 언어 학습에서는 정확성을 바탕으로 언어 지식을 배우고 연습하는 것도 중요하지만, 영어를 처음 접하고 배우기 시작하는 초등 단계에서는 영어라는 언어를 탐험하고 실험해 보고, 궁극적으로 영어로 놀아 볼 기회가 충분히 주어져야 한다고 본다.

영어를 처음 배우는 초등학생들에게 무엇보다 필요한 것은 언어와 사고를 함께 키울 수 있는 공간이다. 영어 능력을 기준으로 보면 말을 갓 배우기 시작한 아기와 같지만, 인지 능력과 사고 및 상상 능력은 실제 나이에 비례하여 자라고 있다. 이 무시할 수 없는 차이 때문에 영어 교육의 어려움을 토로하는 경우가 많지만, 오히려 그들이 이미 가지고 있는 능력을 십분 활용하여 영어에, 그리고 영어 연극에 접근한다면 보다 자연스럽고 유의미한 수업 구성이 가능해질 수 있다. 영어 연극 수업의 시작은 연극 수업이다. 아이들이 흥미를 가지고 적극적으로 반응할 수 있는 연극 수업을 구성하여 연극의 틀을 자연스럽게 받아들일 수 있고, 연극에 익숙해질 수 있는 상황을 만든 다음에 조금씩 영어로 할 수 있는 활동을 늘려 가야 한다.

이 책은 이러한 점에 주목하면서 1부에서는 일반적인 연극 수업에 관한 내용을, 2부에서는 영어 연극 수업으로 확장할 수 있는 수업 모형 설계를 위한 제안을 담고자 한다. 영어 연극 수업이 영어 교육을 위한 만병통치약이 될 수는 없다. 하지만 다양한 접근이 어려운 현 초등 영어 교육에 의미 있는 대안이 될 수 있다고 확신한다.

차례

2부 영어 연극과 수업 설계

1부

영어 연극의 이론과 실제

1장 연극 활동과 영어 교육

1. 아동과 연극이 만나야 하는 이유

아이들은 본능적으로 연극을 안다. 아이들의 두 발은 현실과 허구의 땅을 함께 딛고 있다. 그만큼 아이들은 허구의 세계에 쉽게 빠지기도 하고 적극적으로 만들어 내기도 한다. 아이들의 놀이는 연극 그 자체로, 놀이를 하면서 아이들은 허구의 상황을 자연스럽게 만들어 낸다.

"이곳은 집이야. 이것은 아기고 지금 막 태어나서 지금 자야 해."

"나는 엄마고, 지금 장 보러 갈 거야. 넌 아빠고 지금 일하러 나가야지."

이런 식의 놀이 대화에서처럼 아이들은 허구의 상황을 만들어 역할을 나누기도 하고 각자가 맡은 역할을 잘 수행하도록 서로 지시한다. 또한 한 아이가 상황에 따라 엄마가 되었다가 선생님도 되었다가 의사도 되어 보는 등 다중 역할 체험을 놀이마다 자연스럽게 하고 있다.

아이들은 정적인 것보다는 동적인 것을 선호하며 또래 집단의 상호 작용을 즐긴다. 아이들이 한시도 가만히 있지 않는다고 어려움을 토로하는 초등 교사의 말을 되짚어 보면, 한시도 가만히 있지 않는 아이들을 억지로 붙잡아 두고 수업에 집중하게 하는 것이 효율적일지, 아니면 한시도 가만히 있을 수 없는 수업을 제대로 제공하는 것이 효율적일지 생각해 볼 부분이다. 연극 수업에 참여하는 학생들은 한시도 가만히 앉아 있을 수 없다. 연극 수업 내내 학생들은 움직이고, 만들고, 그리고, 말하고, 쓰고, 서로의 생각을 교환하고 결정해야 한다. 아이들은 무언가 함께 준비하고, 고민하고, 결정해서 하나의 결과물을 만들어 냈다는 경험 자체를 매우 소중히 여기고, 그러한 과정에서 자신이 나름의 역할을 담당하고 있다는 사실을 기뻐한다.

연극은 다양한 학습 성향을 지닌 아이들을 하나로 묶을 수 있는 틀이자, 다양한 학습 기회를 제공함으로써 아이들의 다중 지능 개발을 이끌어낼 수 있는 교육적 장치도 된다. 상대방의 말과 행동을 듣고 보면서, 자기 스스로도 말하고, 행동해 보고, 음악, 춤, 동작, 그림과 같은 비언어적인 표현도 해 보는 연극 활동 과정에서 아이들은 자연스럽게 다중 지능 개발

〈다양한 학습 능력을 지닌 아동들〉
시각적 성향 : 그림, 이미지, 움직임을 파악하는 능력이 뛰어남
청각적 성향 : 소리와 음악에 쉽게 반응하고 즐기는 성향
언어적 성향 : 말을 하고 글을 쓰는 것을 선호
신체적 성향 : 몸, 손, 촉각 등을 사용하는 것을 선호
사회적 성향 : 모둠으로, 혹은 타인과 함께 활동하는 것을 선호

의 기회를 갖게 된다. 다양한 음
식이 준비된 뷔페에서 처음에는
자기가 좋아하는 음식만 먹다가
자연스럽게 새로운 음식을 경험
하면서 좋아하는 음식의 가짓수
를 늘이는 것처럼, 연극이란 뷔페
에서 아이들은 자신이 좋아하는
것뿐만 아니라 낯설지만 도전해
보고 싶은 다양한 학습 기회를 통
해 자신의 경험 세계를 넓히게 된다.

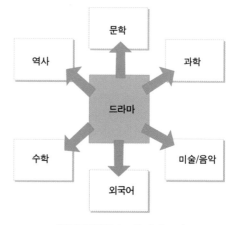

통합교과성(interdisciplinary)

성공적인 미래를 설계하고 준비하는 아이들에게 창의성, 소통과 공감
능력, 자신감, 협동심, 지도력, 탐구 능력, 문제 해결 능력과 같은 기술을
개발할 기회를 주는 것은 절대적으로 필요하다. 연극이 제공하는 공간에
서 아이들은 마음껏 상상하고 경험하면서 자신이 느끼고 생각한 것을 언
어적 혹은 비언어적으로 자유롭게 표현할 뿐만 아니라, 자신과 다른 의견
에는 조율, 공감, 혹은 공유 과정을 거치며 진정한 소통을 자연스럽게 체
험하게 된다.

연극 활동은 다양한 교과를 통합하기에 이상적인 틀이 된다. 연극 활
동은 듣고, 말하고, 읽고, 쓰는 기술을 개발할 수 있고, 어휘를 확장하거나
다른 사람에 대한 이해를 바탕으로 다른 관점으로 생각하고 표현해 볼 수
있는 기회를 제공한다. 문학을 포함, 과학, 수학, 역사, 사회, 예술, 외국어
교육까지 모두 연극 활동의 주제로 삼을 수 있기 때문에, 포괄적이면서도
효과적인 초등 교육과정과의 연결을 기대할 수 있다.

무엇보다 연극 활동은 즐겁고 기억할 만한 흥미 중심 학습 활동이다. 재미가 없는 곳엔 배움도 없다고 극단적으로 말할 수 있을 정도로 아이들은 자신의 관심 영역을 벗어난 곳에 오래 머무르기를 거부한다. 반복이나 훈련, 기계적인 암기나 일방적인 지식 전달로 구성된 전통적인 교수 방법을 고집한다면 아이들은 주저 없이 학습의 스위치를 꺼 버릴 가능성이 매우 높다. 반면에 아이들의 경험 세계와 적극적으로 다리 놓기를 시도하는 연극 수업은 아이들 자신이 학습의 주인이 되어 스스로 사고하고, 고민하고, 타협하고, 조율하고 결정하는 일련의 과정을 허락한다. 결국 연극을 준비하고 경험하는 과정에서 아이들 자신이 스스로를 가르치고 세상을 이해하는 중요한 방식을 터득할 수 있다.

연극 수업이 교육 현장의 모든 문제점을 해결해 줄 수 있는 만병통치약은 될 수 없다. 하지만 연극의 출발점은 아동이고, 아동의 보편적 성향과 특성을 고려해 보았을 때 의미 있는 효과를 만들어 낼 수 있는 학습 장치로의 활용 가능성이 상대적으로 높다. 결과가 아닌 학습 과정에 집중하면서 열린 접근을 시도 할 마음을 지닌 교사라면 연극을 쉽게 외면하지 못할 것이다.

2. 영어와 연극이 만나야 하는 이유

연극 활동 혹은 연극 놀이 수업은 영어를 배우는 아동 학습자와 수업을 운영하는 교사 모두에게 의미 있는 시간이 된다. 학습자의 경우, 제한된 영어 지식만으로도 수업에 능동적으로 참여할 수 있고, 자신의 생각에 영어를 입혀 영어를 실제로 사용해 볼 수 있으며, 친구들과 함께 완성하는 모둠 및 전체 활동을 통해 성취감과 우정, 배려, 교감 등과 같은 긍정적인 감정 경험을 할 수 있다. 교사의 경우, 동시, 이야기와 같은 문학적 소재는 물론이고 다양한 교과 과정을 응용할 수 있기 때문에 빈곤한 언어 소재의 문제에 대한 해답을 찾을 수 있고, 아동의 인지 및 정서 발달에 적합한 의미 있는 언어적 입력의 기회를 제공해 줄 수 있다. 또한 영어 연극 수업은 학습자의 언어 능력 수준의 다양성을 최대한으로 활용할 수 있기 때문에 학생들의 학습 능력 차이 때문에 겪어야 하는 교사의 고충을 경감할 수 있다.

영어 연극 수업의 장점은 아이러니하게도 영어보다는 연극을 강조할 수 있다는 데 있다. 연극 활동을 중심에 놓기 때문에 학생 참여를 높일 수 있고, 학생들의 참여는 다양한 학습의 문을 여는 열쇠가 되며, 궁극적으로 어떤 학습도 받아들일 수 있도록 준비시키게 된다. 연극 수업은 결과적으로 극적인 상상의 세계를 만드는 과정이고, 그 상상의 세계에서 배움을 찾는 과정이다. 이러한 과정에서 조금씩 자연스럽게 영어와 연결시킬 수 있는 다양한 기회를 마련할 수 있기 때문에 억지스럽지 않게 영어를 접할 수 있다.

앞서 언급했듯이 영어는 '배우다' 혹은 '가르치다'의 목적어보다는 '경험하다'의 목적어로 쓰일 때 보다 효과적인 습득을 기대할 수 있다. 연극 수업은 바로 이러한 경험을 하기에 적합한 환경을 만든다. 다시 말해, 언어를 배우는 아이들에게는 정확한 언어를 암기에 의해 인위적으로 발화해 보도록 요구하는 것보다 언어를 사용해 보고 경험할 수 있는 중간 단계가 필요한데, 바로 연극 활동이 이러한 부분을 적극적으로 만족시킬 수 있다. 영어 자체를 강조하지 않으면서도 영어 사용을 자연스럽게 필요하게 만드는 과정을 통해 아이들이 의미 있는 언어 수업에 매력을 느끼게 할 수 있다.

연극 수업은 수용이 아닌 표현 활동이 주를 이룬다. 주어진 상황에 대한 학습자의 생각과 의견을 말뿐만 아니라 소리, 몸짓, 표정 등 비언어적 요소를 적극 활용하여 나타낼 수 있는 공간이다. 영어를 배우기 시작하는 아동 학습자들에게 목표어로만 자기의 생각을 나타내도록 하는 것은 바람직하지도 않고 가능하지도 않다. 여러 주어진 연극 상황에 대해 소리로, 몸으로, 표정으로 나타내도록 하는 다양한 연극 기술을 활용한 연극 수업은 이후 언어 발달 과정에 따라 자연스럽게 목표어로 자신을 표현하는 방법에도 중요한 영향을 미칠 것으로 기대할 수 있다.

연극 수업은 내가 아닌 다른 사람(또는 존재)의 역할을 통해 생각하고, 말하고, 반응하는 활동이 주를 이루기 때문에 학습자가 자연스럽게 자기 자신과 심리적인 거리 두기를 하게 된다. 이러한 거리 두기는 자신을 객관화할 수 있는 거리를 통해 자기가 직접 자신의 의견과 감정을 표출할 때보다 훨씬 적은 부담감으로 자신을 표현할 수 있어서 부끄러움과 실수로부터 어느 정도 자유롭게 해 준다. 내가 실수한 것이 아니라 내가 맡은 역할이 실수한 것으로 자기 최면을 걸 수 있는 연극의 상황은 영어를 배우기 시작하는 아동 학습자로 하여금 실수에 대한 불안감을 덜 느끼게 해서 보다 적극적으로 목표어를 실험해 볼 수 있는 마음을 가지게 한다. 일반적으로 아이들은 실수에 대해 그다지 민감하지 않다고 생각하기 쉽지만, 아이들 역시 자신의 실수를 부끄러워하고 이러한 부끄러움은 아동 학습자의 적극적 발화를 막는 절대적인 요인이다. 이러한 면에서 "내가 아닌척하기"는 영어 수업에서 아동 학습자가 보다 적극적으로 자신을 표현할 수 있게 하고, 더불어 실수에도 보다 유연한 태도를 가지게 할 수 있다.

영어 연극 수업이 음성 언어, 즉 말하기와 듣기 기술의 개발은 물론 읽기와 쓰기라는 문자 언어 교육에도 의미 있는 결과를 이끌어 낼 수 있다. 주어진 연극 대본을 읽고 상대방에게 대사를 던져 보고 상대방의 대사를 주의 깊게 듣는 활동은 연극 수업에서 쉽게 기대할 수 있는 상호작용이다. 나아가 직접 대본을 작성해 보도록 수업을 계획한다면 문자 언어 지도에도 큰 효과를 볼 수 있다. 대본을 쓰기 위해서는 다양한 장르의 자료를 읽어야 한다. 예를 들면, 시를 읽고 시의 내용을 각색하여 등장인물과 사건을 구성하고 대사를 작성할 수도 있다. 간단한 이야기책을 읽고 책 속의 대화문을 인용하여 대본을 쓸 수도 있고, 기존의 내용을 바탕으로 새로운 인물을 등장시키거나, 새로운 사건을 만들거나, 다른 결말을 생각해 낼 수도 있다. 일반적으로 초등 영어 쓰기 지도는 개별적이고 수동적이며 정적인 수업으로 생각되지만 연극 수업에서는 재미있는 대본을 쓰기 위한 읽기가 되고, 읽은 것을 바탕으로 창의적인 대본 쓰기가 되기 때문에 협동 수업으로서 능동적이고 창의적인 수업을 구상할 수 있다.

읽기와 쓰기 교육에만 제한적 의미로 쓰이던 리터러시(literacy) 교육은 시대의 요구를 반영하여 영역 확장을 겪고 있다. 예전에는 음성 언어 지도와 대조되는 개념으로 읽기와 쓰기 기술 개발에 목표를 두었다면, 점차 읽기와 쓰기 기술이 사회에서 하는 역할에 보다 강조를 두는 "새로운

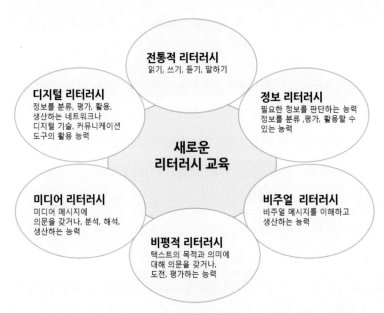

전통적 리터러시
읽기, 쓰기, 듣기, 말하기

디지털 리터러시
정보를 분류, 평가, 활용,
생산하는 네트워크나
디지털 기술, 커뮤니케이션
도구의 활용 능력

정보 리터러시
필요한 정보를 판단하는 능력
정보를 분류, 평가, 활용할 수
있는 능력

새로운
리터러시 교육

미디어 리터러시
미디어 메시지에
의문을 갖거나, 분석, 해석,
생산하는 능력

비주얼 리터러시
비주얼 메시지를 이해하고
생산하는 능력

비평적 리터러시
텍스트의 목적과 의미에
대해 의문을 갖거나,
도전, 평가하는 능력

영어 연극 수업은 새로운 리터러시 교육을 적극적으로 적용할 수 있는 장이다.

리터러시(New Literacy)" 교육으로 변화하고 있다(Edigar, 2014). 즉 새로운 리터러시 시대에서는 단순히 인쇄물로 된 글을 읽고 의미를 파악하고 이해하는 읽기 기술을 넘어서, 시각적, 청각적, 동영상 자료와 같은 재료에서도 적절한 정보를 찾고, 분류하여, 정보의 질을 평가하고 비판적으로 수용할 수 있어야 한다. 이를 위해서는 개별적 읽기와 쓰기 활동만이 아니라 협동적 읽기와 쓰기가 이루어져야 하고 읽은 내용을 공유하고 새로운 의미를 만들어 내는데 참여하는 리터러시 교육이 이루어져야 한다. 새로운 리터러시 교육은 음성 언어 교육과 분리된 교육이 아닌 통합된 교육으로 설계되어야 한다. 이러한 측면에서 영어 연극 수업은 새로운 리터러시 교육을 적극적으로 적용해 볼 만한 의미 있는 공간이 될 수 있다.

영어 연극 수업은 언어의 4영역인 듣기, 말하기, 읽기, 쓰기 교육을 통합하여 교육할 수 있을 뿐만 아니라 효과적인 동기 부여를 제공할 수 있다. 흔히 초등 영어 교육의 이상적인 방향으로 듣기, 말하기, 읽기, 쓰기 기능 간의 연계성이 있는 교수, 학습을 강조하고 있다. 초등 영어 교과서 역시 이러한 방향을 반영하여, 보고-듣기, 듣고-말하기, 듣고-읽기, 읽고-쓰기 등과 같은 언어 기능 통합 수업을 유도하고 있다. 하지만 이러한 통합 지도 과정에서 아동 학습자가 스스로 생각하고 참여할 수 있는 공간은 여전히 부족하다. 학습자를 중심에 둔 언어 기능 통합이라기보다는 교사의 지도 편의를 바탕으로 한 연계 구조라는 생각이 앞서는 것 역시 현실이다. 반면에 연극 수업은 배움이 일어날 수 있는 상상의 세계를 학습자와 교사가 함께 만들어 가는 과정이기 때문에 다양한 활동에 대한 확실한 동기 부여를 이끌기 쉽고, 자연스러운 통합 수업을 기대할 수 있다.

연극 활동은 무엇보다 집단 활동이고 언어 소통은 대화 형식에 기반을 둔다. 대사를 주고받는 연극은 말할 것도 없고, 극적 상황을 끊임없이 만들어 내기 위한 교사와 학생 간의 대화, 학생과 학생들 간의 의견 조율 과정에서의 대화 등, 모든 상황에서 상대방의 말을 듣고, 생각하고, 표현하는 과정을 반복하게 된다. 연극 활동 수업은 앞선 활동을 잘 이해해야 다음 활동으로 유기적 연계성을 갖고 접근할 수 있다. 즉 이야기를 듣거나, 그림을 보거나, 짧은 시나 편지 글을 읽는 활동은 그 자체의 의미보다는 다음 활동을 하기 위한 필요조건이기 때문에 자연스럽게 언어 기능 통합 수업을 유도할 수 있고, 동시에 학습자들에게 매력적인 동기 부여가 된다. 이 책 2부에서 언어의 4영역을 통합해서 지도하는 영어 연극 수업 방법을 확인할 수 있다.

초등 영어 수업에서 학습자들 간의 언어 능력 차이는 수업을 진행하는 교사뿐만 아니라 학습자에게도 큰 부담이 아닐 수 없다. 이미 모국어로 자신의 생각과 의견을 정확히 전달할 수 있으며 어느 정도 높은 수준의 글을 무리 없이 읽을 수 있는 아동 학습자가 생소한 외국어를 처음 배우는 단계에서 자신보다 먼저 외국어 교육을 경험한 친구들과 같은 출발선에서 시작하도록 되어 있는 현재의 영어 수업에서는 적극적 참여를 끌어내거나 확실한 학습 동기를 부여하기가 쉽지 않다. 영어 연극 수업은 개별적 학습이 아닌 협동과 참여를 전제로 하는 수업으로, 다양한 수준의 영어 능력을 가진 학생들이 각자의 눈높이에서 참여할 수 있는 물리적, 심리적 공간을 만든다. 영어만이 아니라 창의적 사고가 우선시될 수 있고, 다양한 교과 정보와 지식이 언어 능력의 부족을 채워 줄 수 있는 정의적 공간 형성을 기대할 수 있다. 아동 학습자들은 영어 연극 수업이 언어만 배우는 시간이 아니라 그들만의 특별한 배움의 공간을 만들어 가는 과정이라는 것을 인지하게 되며, 결과적으로 영어 연극 수업은 효과적인 영어 습득의 장이 될 수 있다.

영어 연극 수업은 사고 기술(thinking skills)개발에도 도움이 된다. 기술의 혁신적 발전으로 인해 변화의 속도와 방향을 예측하기 어려울 정도로 급변하는 현대 사회에서 성공적으로 적응, 생존하기 위해서 사고 기술 개발의 필요성이 어느 때보다 강조되고 있다. 영어 연극 수업은 언어 노출과 습득이라는 언어적 기술 향상만을 목적으로 하는 기존 수업과는 달리, 언어 학습자의 창의적 사고 기술 혹은 생각 기술을 확장, 발전시킬 수 있는 인지적 목적을 둔 언어 수업 모형 설계를 가능하게 해 준다. 영어 연극의 범위를 주어진 대사를 주고받는 언어 연습 과정으로, 혹은 그런 연습 과정을 통해 무대에서 성공적으로 재현하는 활동으로 제한할 필요는 없다. 연극 활동 자체가 교실에서 이루어지는 학습 과정의 한 형태로서, 학습자들을 보다 활동적이고 적극적인 교육 활동의 수면 위로 부상시킬 수 있는 열린 틀로 볼 수 있다.

연극 활동을 통해 허구적 상황으로 학생들을 자연스럽게 이끈 교사는 '무슨 일이 일어 날 수 있는지' 혹은 '왜 그런 일이 일어났는지', '어떻게 그런 상황을 벗어 날 수 있는지' 등 끊임없는 질문을 유도할 수 있으며, 학생들은 그 허구적 상황이 던진 문제를 스스로 해결하기 위해 끊임없이 서로 생각에 생각을 보태게 되어 있다. 교사 혹은 다른 동료 학생들과의 이러

이것이 사고 기술(thinking skills)이다!

인간은 매순간 사고(thinking)를 한다. 사고란 자신의 삶과 외부 상황을 인식하고 이해하기 위해 인간이 의식적으로 사용하는 복잡한 두뇌 활동이다. 따라서 이성적, 논리적, 창의적 사고를 위해서는 특별한 기술적 도움이 불가피하다. 성공적인 기업 경영을 위해 운영자가 세부 조직을 전략적으로 운영해야 하듯이, 성공적인 사고를 위해서 사고의 주체인 인간은 생각의 방식을 운영해야 하고 이를 위해 특별한 기술, 즉 사고 기술을 필요로 하게 된다. 사고 기술은 인간이 탐구(inquiry), 정보 처리, 추론, 평가, 창의적 사고와 같은 상위 개념의 생각을 성공적으로 할 수 있도록 효과적으로 도와주는 기술로, 알비노(Alvino, 1990)는 사고 기술을 "인간의 두뇌 활동을 지배하는 기본에서부터 심화에 이르는 모든 기술과 하위기술의 총집합"이라는 정의로 묶어냈다. 사고 기술은 또한 상위 인지활동(meta-cognition)과도 깊은 관련이 있다. 상위 인지는 사고에 대한 사고(thinking about thinking)로, 어떻게 학습이 이루어지고, 학습과 사고 과정을 조율하기 위해 무엇을 해야 하는지에 관한 인식이다. 다시 말하자면, 상위 인지활동을 통해 객관적 거리를 두고 사고 과정을 조망함으로써, 학습을 계획하고, 이해 과정을 점검하고, 사고의 전 과정을 평가하게 된다. 사고 기술과 매우 유사한 개념인 상위 인지 기술은 성공적인 학습과 교육을 위한 필수조건인데, 사고 기술 역시 생각하는 과정과 객관적인 거리두기를 전제로 하는 상위 인지적 요소를 포함한다.

한 지속적인 상호 작용을 통해 아동 학습자는 자신이 생각하는 것, 행동하는 것, 배우는 것에 대해 깊이 생각해 볼 수 있는 기회를 얻게 된다. 또한 연극 활동은 자기가 한 것에 대해 객관적인 거리를 두고 평가하고 수업 상황에서 배운 것을 현실의 문제에 적용시켜 볼 수 있는 무한한 공간을 제공한다. 학습자는 이 모든 과정을 통해 보다 의미 있는 언어 학습의 기회를 얻음과 동시에, 더 큰 그림을 그리고 또 볼 수 있도록 생각의 경계를 최대한 확장시킬 수 있다.

아동 학습자들에게 사고 기술이 중요한 이유는 무엇보다도 사고 기술의 학습과 교육 가능성에서 찾을 수 있다. 많은 교육학자들은 창의적 사고 기술을 직접 가르치는 것이 좀 더 나은, 좀 더 창의적인 사고를 할 수 있게 만든다고 주장한다(Ristow, 1988). 프레지안(Pressisen, 1985) 역시 "학교에서 어떻게 생각해야 하는지를 가르치는 데 집중한다면 학생들이 더 나은 사고를 할 수 있는 방법을 배울 수 있다"고 주장하면서 사고 기술의 학습 가능성을 한층 더 강조한다. 이러한 맥락에서 두뇌 성장의 많은 부분이 이루어지는 초등 6년의 아동기는 매우 중요하다. 아동기의 사고 기술은 중, 고등학습을 대비하여 포괄적 이해력을 키우기 위해 체계적인 교육을 통한 발전을 이루어야 한다. 물론 중, 고등학생들에게도 사고 기술을 가르치는 것은 유의미하지만 아동기에 사고 기술을 가르치는 것이 훨씬 더 효과적이라는 것이 중론이다. 아동이 사고 기술을 더 일찍 습득하고 익숙해질수록 학습적, 사회적 목적과 인생의 목표에 더 빠르고 안정적으로 다가갈 수 있다고 말한 슬로어(Sloyer, 2003)의 견해가 이 점을 뒷받침해 준다.

3. 영어 연극 수업이 궁금해요

Q. 영어를 배우기 시작한 초등학생들이 영어로 연극을 할 수 있을까요?

물론입니다. 앞서 언급했듯이 영어 연극 수업은 영어보다는 연극을 중심에 두고 시작할 수 있습니다. 연극은 다양한 학습이 이루어질 수 있는 일종의 경험 공간으로, 그 공간에서 학습자들은 보다 재미있고 의미 있는 언어 체험을 할 수 있습니다. 처음에는 언어적 요소보다 연극적 요소의 비중을 높이다가 학습자들이 연극이란 공간에 익숙해지면 점차 영어로 참여하고 반응할 수 있는 부분을 넓혀 가도록 수업을 설계할 수 있습니다. 또한 학습자의 나이, 인지적·감성적 수준, 언어적 능력 등을 고르게 분석하여 다양한 수준에 맞게 대본을 활용할 수도 있습니다.(수준별 대본의 예는 9장에 소개되어 있습니다.) 영어 연극 수업의 성패는 학습자의 영어 능력이 아니라 연극이란 공간에 기꺼이 발을 내딛고 그 공간을 자신의 상상력과 다양한 능력으로 채워 나갈 학습자의 적극적 참여 의지에 달려 있다고 볼 수 있습니다.

Q. 교과서 역할극을 재미있게 가르칠 방법은 없을까요?

역할극을 재미있게 가르칠 방법을 묻는 질문에는 학생들이 역할극을 재미없어할 거라는 선입견이 들어 있습니다. 미리 정해진 대본이 있고, 역할극에 참여할 수 있는 인원이 2-3명으로 제한되어 있고, 학생들은 맡은 역할을 쑥스러워하고 참여를 꺼리기 때문에 교사는 결국 역할극을 수업에서 빼고 진행하는 경우가 많다고 합니다. 어쩌면 당연한 결과라 할 수 있습니다. 흔히 영어 교과서에 수록된 역할극을 연극 수업으로 생각하

는 경우가 많은데 그 활동은 그 단원에서 배운 언어 표현이 사용될 수 있는 문맥을 설정해서 배운 언어 표현을 연습하는 시간이지 진정한 의미의 연극 수업은 아닙니다. 연극은 연극적 상황을 받아들일 심리적 유예 기간이 필요합니다. 연극이란 상상의 공간을 잘 구축하면 그 안에서 많은 배움의 기회와 즐거움을 얻을 수 있지만, 배움을 목적으로 급하게 설정한 연극 공간은 어색함과 부자연스러움만 존재합니다. 이 책이 제안하는 연극 수업은 교과서 역할극을 더 잘 가르치고자 하는 교사 지도서가 아니라, 학습과 배움이 적극적이고 자발적으로 일어날 수 있는 연극적 공간을 어떻게 구축할지에 대한 설계도라고 볼 수 있습니다.

Q. 연극을 전공하지도 않았고, 해 본 적도 없는데 가르칠 수 있을까요?

물론입니다. 연극 수업에서 교사에게 요구되는 것은 아동 학습자들의 특성을 잘 알고, 그것을 바탕으로 학생들이 수업에 집중하여 즐길 수 있도록 인도하는 지도력과 수업 운영 경험이라고 할 수 있습니다. 또한 연극 수업의 성공은 연극이 아동 학습자에게 줄 수 있는 가치를 인정하고 교사 자신이 연극 수업을 즐기는 적극성에 달려 있다고 해도 과언이 아닙니다. 다시 말해 연극 전공 학위증보다는 아동 학습자들과 많은 교감을 나눈 교사의 교육적 노련함이 더 중요하다고 볼 수 있습니다. 처음에는 서툴고 실망스러운 결과를 보더라도 아이들과 공유하는 한두 번의 연극 수업 경험은 다음 수업을 위한 씨앗이 될 것이고, 그런 경험의 반복을 통해 어떤 다른 수업에서도 기대할 수 없는 열매를 수확하게 될 것입니다.

Q. 영어 실력이 좋지 않은데 영어 연극 수업을 지도할 수 있을까요?

물론입니다. 외국어로서의 영어는 배우는 학생뿐만 아니라 교사에게도 부담이 될 수밖에 없습니다. 영어 연극 수업이기 때문에 수업 시간 내내 교사나 학생 모두 영어만을 사용해야 한다는 설정은 가능하지도 이상적이지도 않습니다. 영어 수업에서 연극을 활용하여 유의미한 언어 경험하는 동시에 연극이란 장치가 가져올 수 있는 창의적 사고 기술 개발, 동기 부여, 사회성 발달, 자기 주도적 학습 등과 같은 교육적 효과를 얻기 위해서는 아동 학습자의 사고 능력과 언어 능력의 차이를 상쇄할 수 있는 연결고리가 반드시 필요합니다. 즉 언어에 앞서 연극의 공간이 형성되어야 하고 이 공간은 모국어 활동으로 채워져야 가능하다고 봅니다. 영어 수업에서 모국어를 배제하는 것이 아니라 적극 활용함으로써 연극 수업을 통해 기대할 수 있는 효과를 극대화할 수 있습니다. 따라서 처음에는 수업의 시작과 끝, 그리고 반복적으로 하는 수업 절차만 영어로 하다가 점점 사용량을 조금씩 늘려 가는 것을 제안합니다.

Q. 연극을 하려면 준비할 것이 많고, 무작정 대본을 외워서 하는 연극은 재미도 없고 힘만 드는데 굳이 할 필요가 있나요?

모국어 사용을 둘러싼 영어 교수 방법 논쟁

English Only !

영어 수업에서 모국어 사용에 대한 논쟁은 영어 교수 방법론의 역사와 함께 한다고 해도 과언이 아니다. 외국어 수업에서 모국어(L1) 사용을 반대하는 주장은 영어를 외국어(FL) 혹은 제2외국어(L2)로 영어를 가르치는 상황에서 오직 목표어인 영어만 사용해야 한다고 강조한다(Gatenby, 1965; Long, 1985; Richards, 2001; Nunan, 1995; Brown, 2001; Bygate, 2001). 그들의 주장에 따르면 외국어 수업에서 모국어를 사용을 허용하면 학습자가 모국어에 의존하게 되어, 문맥상에서 의미를 추론하려는 시도를 하지 않게 되고, 목표어로 의사소통하려는 의지가 약화될 우려가 있다고 한다. 이러한 견해를 지지하는 사람들은 목표어의 독점적 사용으로 목표어의 노출을 최대화할 수 있고, 그로 인한 언어 습득 가능성이 높다고 평가하면서 모국어를 외국어 교육의 방해요소로 보고 있다.

English Only ?

반면에 모국어 사용을 전면적으로 배제하는 외국어 교육은 좀 더 비판적으로 수용·보완되어야 한다는 입장이 있다(Widdowson, 1974; Atkinson, 1987; Swain & Lapkin, 1998; Wells, 1999; Tang, 2002; Marian, 2003; Paradis, 2004). 모국어 사용을 찬성하는 사람들은 모국어 사용으로 수업의 긴장감과 두려움을 약화시킬 수 있어 목표어 습득에 보다 효율적인 환경이 조성될 수 있고, 이러한 언어 학습 환경은 목표어 습득에 필수적이라고 주장한다. 또한 외국어 습득 이론에 관한 연구에서 이중 언어 사용은 언어 학습자에게 장애가 아닌 장점임을 주장하기도 한다.

쿡(Cook, 2001)에 따르면, 두 언어 시스템을 작동할 수 있는 사람은 보다 유연한 사고를 할 수 있게 되고, 이중 언어 시스템이 상보적으로 작동해서 궁극적으로 외국어 습득에 도움을 준다고 한다. 특히 아시아권에서의 영어 교육을 서양의 교수 방법론의 잣대를 그대로 적용할 수 없음을 지적하고 언어 환경이 전혀 다른 아시아권에서 모국어를 배제한 목표어만으로 영어 교육을 하는 것에 대한 재평가를 요구하는 목소리가 커지고 있다(Pham, 2001; Phan, 2008).

관객에게 보여 주기 위한 목적으로 무대를 준비하고, 대본을 외우고, 반복적으로 연습하는 연극 수업 역시 언어 교육적 효과 측면에서 마이너스라고 할 수는 없습니다. 슬플 때, 기쁠 때, 화날 때 등 상황에 따라 목표어를 발화해 보는 경험 자체는 언어 수업에서 꼭 필요한 부분이라고 생각됩니다. 그러나 이 효과만을 위해서는 준비 과정상의 어려움이 상쇄되기 어렵고 교육의 경제성 면에서도 부족합니다. 하지만 관객에게 보여주는 것이 아니라 수업 참여자들 본인의 의미 있는 경험 과정으로서의 연극 수업을 계획한다면 언어 수업뿐만 아니라 그 외의 플러스 요인을 이끌어 낼 수 있습니다. 보여 주기를 위한 거품을 쏙 뺀 '가난한 연극'을 통해서 학습자들은 자신의 흥미와 관심을 반영하는 다양한 수업 소재를 중심으로 의사소통과 생각의 소통이 일어날 수 있는 언어 상황을 제공받을 수 있을 것입니다.(2장 과정극과 영어 연극 수업 참고)

Q. 교과 수업만도 벅찬데 연극 수업을 할 시간이 있을까요?

연극을 별도의 시간으로 계획하기보다는 교과 수업 내용을 심화시키는 시간으로 활용하는 방법이 있습니다. 연극 수업의 소재를 동시, 동화와 같은 상상과 허구의 세계에 제한하지 말고 다른 교과 수업의 내용에서 찾는다면 연극 소재의 다양성 확보는 물론, 학습자의 인지 발달과 지적 호기심을 만족시키면서 언어 교육을 동시에 만족시킬 수 있는 접점을 찾을 수 있을 것입니다. 연극 수업의 공간에서는 지식의 전

달이 교사에서 학생으로 이루어지는 것이 아니라 마치 '지식의 공놀이'처럼 교사가 던진 공을 학생이 받고, 학생이 던진 공을 교사가 받기도 하고, 학생들 서로가 공을 주고받으면서 의미 공간을 넓혀 갈 수 있습니다.

Q. 연극 수업은 너무 소란스럽고 통제가 어려워요.

쉴 새 없이 종알대고 움직이고 수업에 오래 집중하지 못하는 아이들을 어떻게 효과적으로 다루어야 할지는 교사가 풀어야 할 영원한 숙제입니다. 이런 아이들을 연극이란 자유 공간에 풀어 놓았을 때 예상되는 소란과 통제의 어려움이 교사의 불안감을 가중시키는 것은 사실입니다. 하지만 연극 수업은 분명 구조와 규칙이 존재하는 공간으로, 이 공간에서의 다양한 경험을 통해 아이들은 스스로 규칙을 만들기도 하고, 만들어진 규칙을 지키고 자제할 수 있는 힘을 키우기도 합니다. 외부의 통제가 아닌 자발적 통제가 이루어질 수 있게 인내심과 여유를 갖고 학생과 적극적으로 호흡할 준비를 하는 것이 연극 수업을 진행하는 교사의 첫 마음가짐이라고 할 수 있습니다.

Q. 학생들의 언어 능력 수준 차이 때문에 영어를 잘하는 학생들만의 수업이 될 것 같아요.

영어 연극 수업이 아동 학습자에게 줄 수 있는 다양한 효과를 믿고 수업을 지도했던 교사 대부분이 단순한 대화 형식으로 인한 흥미 저하, 개연성 없는 상황과 역할로 인한 어색함, 시간 부족, 학생 통제의 어려움, 과밀학급, 아동 학습자의 언어 능력의 한계, 연극 지도 능력 부족 등을 이유로 연극 수업을 접는 사례가 많이 있습니다. 이 가운데 학생들의 언어적 수준 차이 역시 영어 연극 수업을 방해하는 요인으로 지적하기도 합니다. 하지만 일반적인 영어 수업에서 학생들의 언어적 수준 차이로 인해 겪는 문제를 해결하는 방책을 오히려 영어 연극 수업에서 찾을 수도 있습니다. 영어 연극 수업은 영어뿐만 아니라 아동 학습자의 창의적 사고 기술 개발, 학습 동기 부여, 사회성 발달, 자기 주도적 학습 등과 같은 다양한 영역에서 긍정적 효과를 이끌어 낼 수 있습니다. 다시 말해 영어 연극 수업은 영어 학습만을 목표로 하는 것이 아니라 다양한 교과 지식, 상상력과 창의력, 예술적 감각 및 표현 능력 등으로 언어적 부족함을 메울 수 있게 해 줍니다. 또한 영어 연극 수업을 통해 학생들은 서로의 언어 능력을 자랑하고 평가하기보다는 부족한 부분은 배우고 자신 있는 분야에서는 도움을 주면서 함께 성장하는 시간으로 연극 수업을 받아들이게 될 것입니다.

2장 과정극과 영어 연극 수업

1. 과정극(Process Drama) 이해하기

이상적인 외국어 교수 방법을 논할 때, 일반적으로 두 가지 큰 흐름을 감지할 수 있다. 첫째가 형태 중심 교수법(Focus on Forms)이라면, 둘째는 의미 중심 교수법(Focus on Meaning)이라고 할 수 있다. 형태 중심 교수법은 전통적인 교수 방법으로, 언어를 음소, 단어, 구, 형태소, 패턴 등으로 세분화하여 가르치고, 학습자는 문법 규칙과 같은 언어 지식을 통합하고 체계화하는 기술을 배우거나 암기, 반복, 연습을 통해 언어를 학습하는 과정을 수반한다. 언어 학습에 필요한 부분이지만 수업이 건조하고 지루할 수 있고, 정확성을 강조하는 수업이다 보니 학습자의 실수에 엄격한 잣대를 들이대기 때문에 자유 발화나 의사소통 능력 향상을 추구하는 수업과는 어울리지 않는 교수 방법이다.

한편 의미 중심 교수법은 언어 자체보다는 학습자와 학습 과정에 초점을 둔다. 외국어 습득 과정을 모국어 습득 과정의 연장선상에서 바라보기 때문에 모국어 습득 조건과 가장 유사
한 조건과 상황을 형성하는 것을 중요
시한다. 모든 언어적 정보가 명시적 교
육보다는 간접적인 우발적 과정을 통
해 습득되도록 유도하는 교수 방법이
기 때문에 학습자의 부담을 완화시키
고 언어에 대한 재미와 흥미를 느끼게
할 수 있다는 장점을 가지고 있다. 하지만 의미 중심 교수법을 적용한 외
국어 학습자의 발화 능력은 모국어 학습자와 비교하여 지나치게 부족할
뿐만 아니라, 가시적 향상과 발전의 흔적을 찾기 어렵다는 문제점이 드러
났다. 비록 학습자의 정의적 측면과 의사소통 능력 향상 측면에서 다소
긍정적인 결과를 만들어냈으나, 문법적 능력이나 여타 다른 언어적 능력
개발과 향상으로 이어지기에는 역부족이라는 평가를 받고 있다.

이 두 교수법의 문제점을 극복하기 위한 대안으로 형태 중심 의미 교
수법(Focus on meaningful form)이 제안되고 있다(Doughty & Williams,
1998). 이 교수법은 의미 있는 문맥 상황에서 언어 형태를 학습하는 방법
으로, 이전 두 교수법이 지닌 한계를 극복하고 정확성과 유창성의 균형감
을 이루고자 한다. 이론적으로는 가장 이상적인 외국어 교수 이론이지만
현실적으로 그 이론을 활용할 실질적 교수 방법을 찾는 일은 그리 쉽지
않다. 결국 외국어를 가르칠 때 "의미 있는" 문맥 상황을 어떻게 구축하느
냐가 관건인데, 연극을 활용한 언어 교수법을 지지하는 사람들 가운데 그
답을 과정극에서 찾고자 하는 움직임이 있었다.

언어 교수 상황에서 활용되는 연극은 역할극이나 대본 읽기와 같이 미

형태 중심 교수법	형태 중심 의미 교수법	의미 중심 교수법
정확성	정확성 + 유창성	유창성
통제 언어 학습 대본 중심의 역할극 및 공연	창의적 과정 중심 과정극	의사소통 중심 즉흥극

외국어 교수 방법과 연극 수업

리 짜여진 대본을 외워서 연습하는 통제적 접근부터 완전히 자유 발화를 추구하는 즉흥극까지 매우 광범위한 스펙트럼을 형성한다. 형태 중심 교수법과 의미 중심 교수법을 절충한 형태 중심 의미 교수법과 유사하게 정확성과 유창성을 절충한 연극 교수 방법이 바로 과정극이라 할 수 있다.

과정극은 호주에서 시작된 연극 교수 방법으로 현재 북미 지역에서 널리 활용되고 있다. 영국에서는 교육연극(drama in education)이라고 부르는 과정극은 교사와 학생이 함께 극적 세계를 만들어가는 과정 중심 연극 수업이라 할 수 있다. 과정극은 교사와 학생들이 함께 가상의 역할과 상황을 만들어 감정 이입을 해 보고, 과정에 새로운 의미를 부여하고 결과를 새롭게 도출해 보는 일련의 창의적인 활동이다. 과정극을 통해 언어 학습자들은 언어의 네 가지 기술(말하기, 듣기, 읽기, 쓰기)을 통합적으로 발전시키고 목표어에 대한 이해력과 통찰력을 배양할 수 있다. 결과적으로 과정극은 주어진 상황에 대한 심층적 이해를 바탕으로 학습자의 창의적 사고를 이끌어 내는 동시에 목표어를 사용하고자 하는 욕구를 자극하여 진정성 있는 의사소통이 이루어질 수 있게 하는 이상적인 언어 수업 모형의 하나라 할 수 있다.

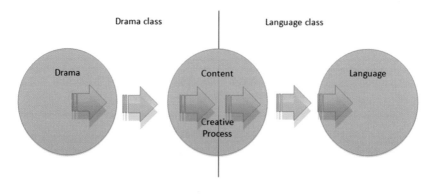

이상적인 영어 연극 수업

　영어 수업의 일환으로 활용된 기존의 연극 수업이나 활동은 언어 수업 자체보다는 언어 외적인 준비 상황 때문에 교사와 학생 모두에게 부담이 된다. 누군가에게 보여 주기 위해서는 의상, 도구, 조명, 음향, 무대와 같은 외적 요소가 필요할 수밖에 없다. 하지만 과정극은 관객을 대상으로 하는 보여 주기 수업이 아니라 학습자 모두가 참여하는 공간을 형성하는 데 의미를 두기 때문에 무대 장치나 소품 준비에 공을 들일 필요가 없다. 다시 말해 과정극은 극적인 상황을 만들어 활동에 참여하는 사람들을 극적인 인물로 동화시키는 과정이라고 할 수 있다.

　일반적으로 과정극은 미리 쓰여진 대본이 없이 진행되는 극 활동으로 알려져 있기에 활동의 즉흥성과 일회성에 초점을 두는 경우가 많다. 하지만 대본이 없다는 것이 계획이나 구조, 혹은 틀이 없다는 것은 아니다. 비록 가시적으로 드러나지는 않지만 학습자의 적극적인 참여와 반응, 그리고 수업에 대한 학습자의 참여를 유도해 내기 위해 미리 기획되고 준비된 여러 극적 장치를 가지고 구조를 만들어 간다. 연극을 활용한 일반적인 수업이 대본에 따라 단계별로 진행되는 것과는 달리, 과정극은 문제가 제기되고 의미의 교류를 필요로 하는 단계마다 활동이 이루어진다. 전자의 경우는 구슬을 하나하나 꿰어 완성된 목걸이라는 결과물을 기대할 수 있다면, 과정극은 의미 단위로 매듭이 지워지는 거미줄과 같은 방사형의 구조가 형성된다. 결과적으로 과정극은 처음과 끝이 있는 구조라기보다는 확장 가능한 열린 구조를 표방한다고 할 수 있다.

과정극은 모든 것을 극적인 상황 속으로 끌어들이는 데 초점을 맞추기 때문에 실질적인 발화 욕구와 동기 부여가 일어나고 학습자가 전달하고 싶은 내용과 듣고 싶은 내용이 교류할 수 있도록 유도할 수 있다. 만들어진 무대에 학습자를 끼워 넣는 것이 아니라, 학습자들이 극적 경험을 할 수 있도록 극적 상황을 함께 만들어 가는 것이 과정극이므로, 학습자는

---

1) 오닐(O'Neil)의 저서 *Drama Worlds*(1995)에서 과정극의 효과적인 시작과 논리적이고 체계적인 구조를 형성하기 위한 가이드라인이 되는 텍스트를 지칭하는 용어로 pre-text가 언급되었다. 과정극은 pre-text에 대한 다각적·다층적 반응을 통해 새로운 텍스트를 만들어 가는 진화 과정으로 볼 수 있고, 소문자 text가 대문자 Text로 완성되는 과정이라고 볼 수 있다. 이 책에서는 pre-text를 '극적 동기 유발 자료'로 해석한다.

'과장 없는 과정극'으로 영어 연극 수업하기

직·간접적으로 자연스럽게 다양하고 다층적인 교육적 자극에 노출된다. 이 같은 장점을 잘 살려 영어 수업에 적용한다면, 기존의 연극 수업에서 나타나는 문제점을 해소할 수 있을 뿐만 아니라 초등학교 영어 교육의 새로운 대안으로 떠오를 수도 있다고 본다.

2. 언어 수업에서 과정극의 기능

부스(David Booth)는 과정극을 "연극 활동 참가자의 즉흥성, 창의성, 자기표현 등을 중시하는 '창조적인 연극'(creative dramatics)"이라고 정의한다.[2] 오닐(Cecily O'Neil)은 이러한 과정극이 대본을 암기하여 공연에

---

2) 데이비드 부스는 캐나다 온타리오주 토론토 대학교의 명예교수로, 40여 년에 걸쳐 많은 강연과 워크숍을 통해 언어 발달과 리터러시 향상에 있어 연극을 활용하는 교수법을 강조해 왔다. 대표 저서로는 *Story Drama: Creating Stories Through Role Playing, Improvising, And Reading*

이르는 기존의 연극 활동에 비하여 대본 없이 과정에 중점을 두어 진행되기 때문에 외국어 습득 면에서 한층 더 효과적이라고 주장한다.3) 대본 없이 연극 활동 참여자 스스로 이야기도 만들어 가고, 인물도 창조하고, 그 인물과 사건의 진행을 위한 대사도 생성·발전시켜야 하며, 극이 전개됨에 따라 직면하는 여러 상황에도 대처해야 하므로, 이러한 전체 과정 속에서 학습자는 자신의 생각과 의견을 말로 표현하고 싶은 욕구를 강하게 느끼고, 보다 진정성 있는 대화를 경험할 가능성이 높다는 것이다. 또한 그는 과정극이 고정되어 있지 않은 학습자의 수준, 능력, 창의력 등을 모두 담아낼 수 있는 "유연한 틀"(flexible frame)임을 강조한다.

카오(Kao, 1998) 또한 과정극을 통해 극적 공간을 형성하고 경험함으로써 학습자는 의미 있고 진정성 있는 상황과 문맥에서 언어를 사용하고 경험할 기회를 얻게 된다는 점에 주목했다. 학자들 간에 표현 방법이나 용어 사용의 차이만 있을 뿐, 극적 동기 유발 자료에 대한 적절한 의미 교섭을 통해 극적 상황을 만들어 가는 동안에 학습자는 자연스럽게 목표어로 의사소통 욕구를 느끼게 되고, 교사는 이러한 욕구를 느끼는 학습자의 언어 능력에 대한 진단을 바탕으로 적절한 언어 정보를 직간접적으로 제시하고, 보다 의미 있는 활동이 이어지도록 자극과 동기 부여를 지속적으로 행하게 된다는 점에는 의견을 같이했다. 정리해 보면 과정극은 언어 수업에 있어 크게 인지적, 사회적, 정의적 기능을 수행한다고 볼 수 있다.

Aloud(2005)가 있다.
3) 세실리 오닐은 과정극의 권위자로, 영국 유수 대학교에서 강연과 워크숍을 해 오고 있다. 주요 저서로 *Drama Worlds*(2001), *Worlds into Words: Learning a Second Language through Process Drama*(1998), *Dorothy Heathcote: Collected Writings on Education and Drama*(1991), *Drama Structures*(1984), *Drama Guidelines*(1971) 등이 있다.

1) 인지적 기능

과정극을 활용한 수업은 의사소통 중심 교육을 목표로 하는 언어 교육에 매우 적합하다. 완벽과 완성이라는 결과 지향적인 연극 수업이 아니라 실험과 실수, 참여와 경험이라는 과정을 중시하는 과정극은 연극 활동 참여자들이 극적 요소들과 형식을 유지하면

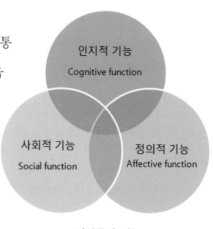

과정극의 기능

서 의미를 협상하고 재협상하는 과정으로 정의된다. 따라서 과정극은 학습자의 언어적 능력뿐만 아니라, 창의성과 논리성, 예술성과 같은 인지적 능력을 자극한다.

과정극이 기존의 연극 활동과 다른 가장 큰 차이점은 대본이 없이 진행된다는 점이다. 잘 알려진 대로 대본은 배우, 관객, 무대와 함께 연극의 4요소 중 하나이다. 연극이 다른 문학 장르와 가장 뚜렷한 구분이 되는 것이 바로 대본의 존재인데, 과정극은 그러한 대본이 존재하지 않는다는 점에서 아이러니하다. 하지만 연극 수업에서는 완벽하고 결점 없는 완성된 대본을 가지고 단순히 암기하여 발화하는 활동보다는, 부족하고 파편적이고 세련되지는 않지만 극 활동에서 나타나는 다양한 발화와 의미 교섭을 고스란히 반영한 대본을 만들어 내는 과정극이 인지 발달 측면에서 유의미한 활동이 될 수 있다. 요약하면, 과정극을 통해 학습자는 암기에 의존하여 앵무새처럼 수동적으로 언어 수행을 하는 것을 벗어나, 의사소통 중심 교수법에서 주장하듯이 학습자가 전달하고자 하는 내용의 교류가

이루어질 수 있는 상황을 만들어 학습자 스스로 다양한 시도와 실수를 경험하면서 언어 사용의 의미를 파악해 나가는 것을 기대할 수 있다.

한편 아동 학습자의 경우 예측 불가능한 상황 속에서 언어 학습과 습득에 대한 강한 의지와 동기를 부여받는다고 할리웰(Halliwell, 2004)은 지적하는데, 예측 불가능한 열린 구조인 과정극은 모든 상황이 미리 정해진 대본을 암기하여 진행하는 기존의 연극 수업과 달리, 극이 전개되면서 등장인물의 성격이나 연극의 내용이 교사와 학습자 간의 상호 의미 교류와 확장을 통해 유동적으로 변화한다는 점에서 이에 부응한다. 기존의 연극 활동이 교사 중심으로 진행되고 암기에 의존한 '언어의 정확성'이 강조된다면, 열린 구조인 과정극의 경우 '의사소통의 유창성'이 강조되며 학습자의 자발적인 참여에서 비롯되는 자신감의 발달을 중시한다. 그러므로 과정극은 의사소통 중심 교육을 교육과정 목표로 설정한 우리나라 영어 수업과 그 흐름을 같이한다고 볼 수 있다. 과정극을 효과적으로 수업에 활용한다면 의사소통 중심 교수법을 지향하는 초등 영어 수업에서 유의미한 결과를 이끌어 낼 수 있을 것이다.

2) 사회적 기능

과정극을 활용한 수업을 통해 다양한 수준의 언어 능력을 지닌 학생들로 구성된 집단을 효과적으로 지도할 수 있다. 학교가 유일한 교육의 독점적 공급자로 존재했던 시절에는 학생들의 능력이 어느 정도 고르게 분포하던 때도 있었지만 점점 사회가 발전, 변화함에 따라 교육의 공급이 다양하게 이루어지고 교육 시기에서도 개인별 집단별 차이가 커지고 있다. 이러한 다양성은 한 학급을 구성하는 구성원의 언어 능력의 차별화를 가져왔고, 각기 다른 언어 능력을 가진 학습자를 하나의 교재에 묶어 놓기가 점점 힘들어지고 있다. 결과적으로 정형화된 교재만으로는 다양한 언어 능력을 가지고 있는 학습자를 만족시키기 어려워졌다. 이에 대한 하나의 해결 방법으로서의 과정극은 교사의 재량으로 언어 학습 외적인 부분을 포함시킬 수 있고, 연극의 틀을 이용하여 학습자의 다양한 욕구를 만족시킬 수 있어 개인의 영어 능력과 상관없이 학생들의 수업 참여를 높일 수 있다. 또한 언어 학습은 언어를 결과물로 배울 때보다 과제 수행을 통한 간접적인 접근과 노출이 보다 효과적이라는 점에서도 과정극을 이용한 수업의 잠재적 효과를 기대할 수 있다(Nunan, 2004; Ellis, 2003).

교사는 학생들의 제한된 언어 정보와 지식의 양을 들어 과정극이 불가능할 거라는 섣부른 결론을 짓는 경우가 많다. 하지만 연극이란 틀은 언어만 가르치는 것이 아니라 아이디어를 내고, 해결책을 고민하고, 극 상황과 효과를 만들어 내기 위한 다양한 인지적 작업을 수행할 수 있으며, 이러한 간접 활동을 통해 언어에 대한 자신감과 언어 사용의 진정성을 깨닫게 유도할 수 있다.

3) 정의적 기능

크라셴(Krashen, 1982)은 학습자의 뇌에는 정서적 여과막(affective filter)이라는 것이 있어, 이 막이 높아지면 언어 습득을 방해하기 때문에 효과적인 언어 습득을 위해 이 막을 낮추는 언어 환경을 조성하는 것이 중요함을 언급한다. 이를 위해 그는 언어 학습의 동기 부여(motivation), 불안 요소 제거(low-anxiety), 그리고 자신감(self-confidence) 향상을 고려한 수업 설계를 제안한다. 과정극을 통한 언어 학습에서 외국어를 배우고 가르치는 행위는 교사와 학생 간의 언어 지식의 전달과 수용이라는 일방적 과정으로 정의되지 않는다. 과정극을 통한 언어 학습 과정은 언어를 매개로 하는 학생과 교사, 학생과 학생 간의 인간적 이해가 확장된다고 보며, 이를 통해 목표어 사용을 자연스럽게 경험해 볼 수는 있지만 학습을 최우선으로 삼지는 않는다는 점에서 언어 학습 부담을 낮추면서 정의적 공간(affective space)을 확보하게 된다.

과정극에서는 학생들 서로가 다른 동료 학습자들과 자신의 의견과 선택을 충분히 공유하고 교섭하고 수렴하는 기회를 갖게 되기에 학습 동기부여와 수업 참여도를 높일 수 있다. 이러한 과정은 언어 습득 과정에서 매우 중요한, 하지만 일반적인 언어 수업에서는 흔히 놓치는 위험 감행(risk-taking)과 연습의 기회를 충분히 제공하기 때문에 언어 수업의 효과도 기대할 수 있다. 과정극의 두드러진 특징 중의 하나는 참여자로 하여금 미리 정해지지 않은 결론을 만들도록 유도하는 데서 나오는 긴장감이라 할 수 있다. 이러한 긴장감이 학습자들이 목표어 사용을 염두하고 수업에 집중할 수 있게 한다. 다시 말해, 학습자들과의 협의 과정을 통해 자기 주도적 결론이 만들어져야 한다는 도전적인 긴장감은 말하기는 물론이고 듣기, 읽기, 쓰기를 하는 데 진정성 있는 이유가 된다. 수많은 시행착오를 거쳐 문제에 대한 해답을

정서적 여과막 가설에 따르면 학습자의 정서 상태가 언어 습득에 필요한 입력을 훼방하거나 막아 버리는 필터로 작용할 수 있다.

구하고 선택하고 결정하는 과정을 통해 자연스럽게 목표어로 자신의 생각을 표현해야 한다는 압박을 받게 되지만, 동시에 동료 학습자들의 조력을 받을 수 있는 네트워크가 자연스럽게 형성되기 때문에 자신의 의견을 표현해 볼까 하는 조심스러운 욕구도 기대해 볼 수 있다. 교사를 포함한 모든 동료 학습자들이 과정극에 참여하고 있기 때문에 부끄러움이나 망설임, 좌절감이 일반적인 언어 수업에 비해 덜하다는 점도 과정극이 지닌 정의적 기능이라 할 수 있다.

3. 과정극에서 교사의 역할

기존의 연극 수업에서는 이야기의 선택에서부터 등장인물 정하기, 대사 작성 및 편집, 무대 설정, 의상 및 소품 준비에 이르기까지 모든 과정에서 교사의 적극적인 개입과 간섭이 불가피하다. 교과서의 단원을 마무리 짓는 활동과 같은 소규모 연극을 비롯하여, 학교 행사 또는 대회 참가를 위해 행해지는 연극 수업을 위해 교사가 쏟아부어야 하는 노력과 어려움은 교육적 결과에 비해 너무 무겁다는 것이 일반적인 평가다. 감독이자 연출가가 되어야 하고, 대본을 만들거나 구해 와야 하고, 배역을 나누어 학생들을 연습시켜야 하고, 소품까지 미리 생각해 준비해야 하는 교사는 항상 연극 수업의 정중앙에 있어야 한다. 학생들은 일반적으로 자신의 언어 능력에 맞는 배역을 할당받아 주어진 대본을 암기하여 재생하는, 교사의 손끝에서 부지런히 움직이는 꼭두각시인 수동적 학습자일 뿐이다. 효과적이고 이상적인 언어 수업을 위해 교사가 어렵게 시도한 연극이란 도

구가 목적이 되어 버리는 순간이다. 결과적
으로 주객이 전도된 상황이 되어 버리기
일쑤인 연극 수업에서 교사는
종종 좌절하게 된다.

　반면 과정극에서 교사가
차지하는 역할과 입지는
기존 연극 수업과는 사뭇

다르다. 과정극은 관객에게 보여 주는 극이 아니라 무대와 객석의 구분이
없기 때문에 수업 참여자가 관객이 되기도 하고 관객이 배우가 되기도 한
다. 나아가 수업 참여자 모두가 배우이자 관객이라고 할 수 있다(O'Neill,
2001). 따라서 교사도 학생들과 다를 바 없이 극에 참여하게 된다. 교사는
과감히 교단에서 내려와 학생들과 어깨를 나란히 해야 한다(Clipson-
Boyles, 2012). 교사－학생 간의 보이지 않는 벽을 무너뜨리는 순간의 두
려움은 과정극을 통한 직접 경험만으로 극복되고 치유될 수 있는 부분이
라 할 수 있다. 과정극 활동에서 교사 역시 하나의 배역을 맡지만, 단순한
역할이 아니라 극적 상황이 벌어지도록 상황을 시작하는 출발점 역할을
담당해야 할 뿐만 아니라, 학생들과 극적 동기 유발 자료와의 관계 설정
에서 핵심 역할을 맡아야 한다. 한 가지 정해진 답만 도출되는 정보 확인
의 문제가 아닌, 다양한 의견과 생각을 주고받으면서 극적 상황 형성에
도움이 되는 준비된 질문을 던져 상호작용이 지속적으로 일어날 수 있게
해야 한다. 교육 연극의 어머니라고 불리는 히스코트(Heathcote)는 이와
같은 연극에서의 독특한 교사의 역할을 "역할 속 교사(TIR: Teacher in
role)"라는 용어로 설명한다. 그는 전인적 교육에 대한 책임감을 지니고

교육을 활성화시킬 사람이 교사라고 정의하고, 비평적 사고, 감정과 도덕적 가치에 대한 보다 깊고 넓은 생각을 교육에 끌어들일 수 있는 사람 또한 교사라고 말한다. 그는 극적 기술과 활동이 이러한 전인적 교육을 가능하게 해주는 교육적 틀이라 생각했고, 극 활동에서 수행하는 교사의 역할이 바로 교육에서의 교사 역할임을 강조한다(O'Neill, 2014). 히스코트의 생각을 바탕으로 극 활동에서의 교사 역할을 설명하면 다음과 같다.

1. 교사는 학생들로 하여금 극적인 상황과 대사를 스스로 정하면서 손쉽게 극을 만들어 나갈 수 있도록 문을 열어 주어야 한다. 비유적으로 표현해 보자면, 마치 아무 일도 없던 두 물질 사이에 촉매를 넣으면 화학 반응이 일어나듯, 교사는 과정극에서의 촉매자가 되어야 한다.

2. 교사는 적절한 타이밍에 역할을 벗어나 극 활동이 매끄럽고 의미 있는 활동이 되도록 적절한 질문과 제안으로 학생들에게 끊임없는 극적 자극을 주어야 한다. 대부분의 과정극에서 극의 도입 부분에 교사가 극 전체에 이정표가 될 만한 사건을 설정하는 역할을 맡는 것도 비슷한 맥락에서 이해할 수 있다. 이는 학습자들에게 연기의 모범을 보이거나 연극을 이끄는 중심 역할을 하려는 목적 때문이 아니라 연극이란 상상의 세계로 학생들을 보다 쉽고 안전하게, 그리고 의미 있게 초대하여 함께 극을 이끌어 가자는 데서 의미를 찾을 수 있다.

3. 교사는 연극의 흐름에서 일정한 역할을 담당해야 한다. 교사가 학생들과 함께 연극에 참여한다는 점은 학생들에게 정서적인 안정감을 줄 뿐만 아니라, 교사 중심 수업이 아닌 학생 중심 수업을 통해 보다 능동적인 참여를 이끌 수 있다는 점에서 의의를 찾을 수 있다.

과정극과 '역할 속 교사(TIR: Teacher in role)'

4. 교사는 적절한 언어 자료를 효과적으로 제시하는 역할을 해야 한다. 우리나라와 같은 EFL 상황에서의 연극 수업에서 언어 자료 제공자로서의 교사 역할은 다른 어느 역할보다 중요하다. 제한된 언어 지식을 이유로 아동 학습자들에게는 과정극 활동은 불가능하다고 보고 접기에는 과정극 활동이 주는 언어적, 교육적 장점이 매우 크다. 소량의 제한적 언어 지식을 활용해 보고, 실수도 해 보고, 도전해 보는 단계는 언어 습득 과정에서 꼭 필요한 부분이고 극 활동이 주는 사회심리학적, 인지적, 예술적 교육 효과 역시 여느 교육적 장치가 줄 수 없는 고유의 경험이다. 따라서 제한된 언어 지식을 효과적으로 보충해 줄 수 있는 교사 역할이 어느 때보다 필요하다.

과정극은 미리 정해진 것이 없다고 해서 '즉흥극'이란 용어와 혼용 혹은 병행하여 사용되지만, 아무 계획 없이 머리에 떠오르는 대로 하는 수업이 아니다. 하나의 활동 주제를 제시하고 그에 따라 움직이는 틀을 가지고 교사는 학생들을 이끌거나 따라가야 한다. 학생들이 극 활동에 필요한 언어를 어떻게 하면 자연스럽고 효과적으로 제시할 수 있을지 고민해야 한다. 교사는 과정극 활동에서 많이 등장할 것 같은 어휘 목록을 미리 예측해서 만들어 놓고, 그 목록을 어떻게 학습시키고 연습시킬지에 관한 꾸준한 연구와 노력을 해야 한다.

어떤 면에서 과정극에서의 교사의 역할은 의사소통 중심 언어 교수법(Communicative Language Teaching)에서 제안하는 교사의 역할과 비슷한 점이 많다. 이 교수법에 따르면, 교사는 학습자들 사이에서 의사소통이 잘 이루어지도록 적절한 동기 부여, 효율적인 자료 구성 및 제공, 조언자이자 안내자 역할을 맡아야 하고, 수업의 운영자이자 참여자로서 '배우'와 '감독' 역할 모두를 상황에 맞게 성공적으로 수행해야 할 의무가 있다. 전통적인 교사－학생 간의 관계에서 벗어나 학습자인 아동들과 어깨를 나란히 하면서 극 활동에 참여하고 효과적인 개입을 통해 교사가 적극적으로 도움을 주는 환경이라면, 학습자가 정서적으로 보다 안정되고 편안한 상태에서 언어를 습득하기를 기대해 볼 수 있다.

극 활동이 진행되는 과정에서 학생들에게 의미 있는 질문과 생각할 점을 적절히 던져 주는 교사의 역할은 의사소통 중심 언어 교육의 방향에도 기여하는 바가 클 뿐만 아니라, 학습자의 동기부여 측면을 강화하는 역할은 한다. 학습자의 의지와 상관없이 주어진 내용을 수동적으로 따라하거나 암기해서 발화하는 것이 아니라, 자신의 생각을 적극적으로 전달하려는 과정에서 지속적인 학습 동기 부여를 기대할 수 있다. 언어 학습자는 자신이 하고 싶은 말을 목표어로 나타낼 때야 비로소 진정한 의사소통을 할 수 있고, 나아가 언어 습득에 유의미한 발전을 지속적으로 가져올 수 있다는 점에 비추어 볼 때, 극 활동과 연계된 교사의 적절한 질문과 그 질문에 다양한 답을 달고자 하는 학습자와의 상호 작용은 극 활동을 이끌어 가는 중심 활동임과 동시에 학습자가 지속적으로 말하고 싶은 욕구를 자극할 수 있어 진정한 의미의 의사소통 수업을 이룰 수 있다. 이러한 극 활동에서 교사의 적절한 언어 자료 제공은 제한적 언어 지식에서 오는 학습자의 불안을 낮출 수 있음과 동시에 목표어로 과정을 해냈다는 자신감까지 충족시킬 수 있다. 따라서 과정극을 효과적으로 설계, 진행할 수 있다면 정서적 여과막이 매우 낮은 효과적인 언어 습득 환경을 조성할 수 있다.

4. 극적 동기 유발 자료(Pre-text)의 중요성

과정극은 일반적인 연극과는 달리 미리 정해진 대본이 없다는 것을 특징으로 한다(Booth, 2005: O'Neil, 2001: Bolton, 1986). 과정극은 아무것도 정해진 것이 없는 데서 시작해서 과정극 참여자들이 극적인 상황과 세계를 만들어 가는 것이고, 그 과정에서 대본을 협동하여 지어낼 수도 있다. 이에 오닐(O'Neil, 2001)은 단어 하나 혹은 한 문장, 동작 하나, 특정 장소, 특정 인물, 한 편의 이야기 혹은 토막 이야기, 신문 기사의 제목, 한 편의 시, 또는 연극 대본을 포함한 무엇이라도 과정극을 시작하여 이끌어 갈 수 있는 소재로 보았다. 대본 이전의 대본, 극 활동을 활성화하는 진정한 의미의 대본이란 의미로 오닐은 pre-text(이후 극적 동기 유발 자료라고 칭함)라는 용어를 소개하였고 그 중요성을 거듭 강조한다. 극적 동기 유발 자료를 어떤 것으로 정하는지에 따라 과정극을 활용한 수업의 성공 여부가 결정된다고 해도 과언이 아니다.

특히 우리나라와 같은 EFL 상황에서 학습자와 교사 모두 언어적 지식의 한계를 느끼고 있을 때 과정극을 위한 텍스트 선정은 매우 중요하기 때문에 신중하게 접근해야 한다. 국어 수업에서 활용되는 과정극에서처럼 극적 동기 유발 자료는 학습자의 흥미를 끌어내야 하고, 논쟁이나 상황 전개를 위한 이야깃거리가 있어야 하며, 반전이나 다른 결말로 이야기를 확장시킬 수 있는 것 등의 조건을 충족시켜야 함과 동시에, 제한된 언어 지식을 지닌 학습자들을 위해 유의미한 언어를 가능한 많이 효율적으로 제공할 수 있어야 한다. 다시 말해 신문 기사 제목 혹은 단어 하나로 과정극을 설계하는 것보다는, 과정극을 위한 텍스트인 극적 동기 유발 자료에 있는 어휘를 최대한 활용할 수 있도록 적당한 정도의 언어 정보를 담고 있는 자료를 선택하는 것이 중요하다.

과정극을 위한 텍스트는 과정극 수업 활동을 통해 변형, 확장되고 발전되어 궁극적으로 학습자들 자신의 진화된 연극 텍스트로 완성된다. 매력적이고 호감 가는 극적 동기 유발 자료를 가지고 극 활동을 시작하면 학습자들의 몰입도가 높아져 극 활동에 대한 어색함이나 거부감이 낮아지는 효과를 기대할 수 있다. 2부에서는 다양한 연극 수업 모형을 제안, 극적 동기 유발 자료를 활용하여 의미 있고 역동적인 극적 공간을 만들어가는 과정을 소개하고자 한다.

3장 영어 연극과 읽기 수업

1. 읽기 유창성을 위한 읽기 연극

읽기 연극[4]은 아동 학습자가 독자적으로 읽을 수 있는 힘을 키워 주기 위한 집단적 노력의 과정이라고 정의할 수 있다. 반복적 읽기를 통한 유창성 발달과 그로 인한 이해력 증진에 관한 많은 연구 결과에도 불구하고 아동 학습자에게 반복적인 읽기에 대한 동기 부여가 부족한 현실에서, 텍스트와 공연을 통합한 읽기 연극은 억양, 강세, 호흡, 끊어 읽기를 자연스럽게 연습함과 동시에 반복 읽기에 적절한 동기 부여가 되기 때문에 유창성 발달에 최적의 효과를 끌어낼 수 있다. 하지만 지금까지 읽기 연극과 관련된 실험 논문은, 읽기 연극이 연극 수업처럼 학습자가 대사를 암기할 필요도 없고, 무대 동선과 움직임과 같은 전문적 연극 수업을 받을 필요

---

4) 읽기 연극은 Readers Theater의 역어로 영미에서는 Readers' Theater, Reader's Theater, RT라고 쓰기도 한다. 우리나라에서는 '읽기'와 '연극'이 차지하는 비중이나 강조점에 따라 낭독극, 낭송극, 독자 극장, 극적 읽기 활동 등으로 다양하게 지칭되고 있는데, 이 책에서는 연극적 요소에 초점을 두어 '읽기 연극'으로 통일해서 썼음을 밝혀둔다.

도 없으며, 특별한 무대 장치나 소품도 필요 없기 때문에 부담 없이 수업에 활용 가능하다는 점만 부각시켰을 뿐, 읽기 연극 수업을 위한 구체적이고 다양한 수업 모형을 제시하지 못했다.

사실 연극 수업이든 읽기 연극 수업이든 익숙하지 않다는 것, 즉 낯설다는 사실만으로도 학습자와 교사 모두에게 어렵게 느껴질 수 있다. 오히려 목소리 하나로만 표현해야 하기 때문에 관객과 호흡하여 의미를 완성하는 읽기 연극이 더 어려울 수 있다. 완성도 있는 읽기 연극을 위해서나 의미 있는 읽기 효과를 기대하기 위해서는 많은 노력과 연습이 필수적이다. 하지만 읽기 연극의 수업 틀만 잘 형성된다면 이를 통해 얻을 수 있는 언어 수업의 이점은 매우 많다. 목표어로 된 텍스트(대본)를 빠르게 정확하게 그리고 표현력 있게 읽을 수 있는 능력을 갖춘다면, 이를 바탕으로 말하기, 듣기, 쓰기와 같은 다른 기술 개발 활동에 많은 도움이 될 것이다.

읽기 연극은 연극적 요소를 지닌 읽기이자 기존 연극과는 다른 연극이

연극 수업 속 읽기 수업, 이런 점이 좋아요.

연극 수업을 통해 학습자는 크게 두 가지 의미 있는 경험을 할 수 있다. 하나는 정확하고 적절한 발음뿐만 아니라, 리듬감, 강약, 빠르고 느림, 어조와 같은 감정적인 색채가 가미된 '진짜' 언어를 경험할 수 있다는 것이고, 다른 하나는 연극과 읽기 수업의 연계를 통해 능동적이면서 창의적인 텍스트 읽기를 즐길 수 있다는 점이다. 무엇보다 연극 수업이 제공하는 의미 있는 학습의 공간에서의 읽기 수업은 읽기에 대한 지속적인 동기를 유발해 주며, 능동적인 의미 협상 과정을 통해 창의적이면서 적극적인 읽기를 유도할 수 있다.

라는 뜻을 지닌다. 일단 연극적 요소를 지녔다는 것은 준비된 무대 공간 혹은 공연장에서 자기에게 주어진 역할에 맞게 감정 표현을 표정과 동작, 목소리에 담아 관객을 상대로 대본 읽기를 한다는 점이고, 기존 연극과 다르다는 것은 무대 의상 및 소품을 갖추고 대사를 외워서 무대에서 움직이면서 공연할 필요가 없이 한자리에서 대본을 보고 발표하듯이 읽으면 된다는 점이다. 읽기 연극은 1945년에 '리더스 시어터(Readers Theater)'라는 뉴욕의 전문 극단의 이름에서 유래되었다고 한다(Adams, 2003). 읽기 연극은 전통적 연극과는 달리 대본을 외우지 않고 보고 읽는 공연으로 원래는 성인들을 위한 공연물로 시작했지만, 1960년대 미국 대학 연극학과에서 크게 유행하게 되었고 점차 대상이 고등학생에서 중학생으로 그리고 초등학생으로 확대되었다고 한다. 또한 외국어로서 영어 교육에도 응용되기 시작하면서 읽기 연극에 대한 교육적 관심이 커지게 되었다.

읽기 연극의 대본 또한 기존 연극 대본과는 차이가 있다. 기존 연극 대본은 등장인물들의 대사만으로 연극 장면이 구성되고 그 외의 모든 것은 배우의 움직임, 표정, 음향, 조명, 의상, 무대 배경과 같은 요소로 채워진다. 반면에 읽기 연극의 대본에서는 해설자(narrator)의 대사가 연극의 흐름을 주도한다고 볼 수 있다. 마치 오케스트라의 지휘자 혹은 악장과 같은 존재로 읽기 연극의 전체 흐름의 강약을 조절하는 역할을 한다. 한 편의 읽기 연극에서 해설자의 수는 1인에서 많게는 4인까지 확대할 수 있기 때문에 인원이 많은 학급의 경우 참여자의 수를 조절하는 데 도움이 된다.

읽기 연극에는 목소리 배우 외에 관객이 존재한다. 많은 전문가들이 읽기 연극을 관객에게 들려주기 위해 대본화된 텍스트 읽기 연습과 공연 활동으로 정의하면서 읽기 연극의 핵심을 연습과 공연에 두는 입장을 확인할 수 있다(Millin & Rinehart, 1999; Larkin, 2001; Chard, Vaughn, & Tyler, 2002). 읽기 연극이 전통적인 연극과 차별성을 지니는 부분은 목소리 배우와 관객과의 호흡에 있다. 별다른 무대 장치나 의상, 소품이 없기 때문에 관객은 목소리 배우의 유창하고 감정을 담은 대사를 듣고 자신의 상상력으로 적극적으로 극의 의미를 완성해야 한다. 이러한 목소리 배우와 관객이 공유하는 극적 경험 때문에 많은 읽기 연극 전문가들은 읽기 연극의 영문명(Readers Theater)에 아포스트로피(Readers')를 붙이기를 꺼린다고 한다. 요컨대 읽기 연극은 목소리 배우(readers)만의 결과물이 아니라 목소리 배우들과 관객이 함께 대본의 의미를 완성하는 공동 작업이라는 것이다.

읽기 연극 대본의 예

Narrator1 : Once upon a time, there lived a princess in a castle.
Narrator2 : Near the castle stood a deep well.
Narrator3 : One sunny day, the princess played ball by the well.
Princess: What a beautiful golden ball I have! How high it goes!
Narrator1 : The princess threw her ball very high.
Narrator2 : Splash! The golden ball fell into the well.
Princess : Oh, no! I've lost my golden ball! What will I do?
Frog : I can help you, Princess.
Princess : How can you help me? You are just a small, ugly frog!
Frog : I will get your ball, but you must promise me something.
Narrator3 : The princess took a long look at the frog.

따라서 읽기 연극은 대본을 매개로 목소리 배우와 관객과의 상호 작용이라 할 수 있다. 관객의 존재는 지루할 수 있는 반복적인 읽기에 직접적인 동기 부여 요소가 된다. 관객의 환호와 갈채는 반복적인 읽기의 노고에 대한 정당한 보상이자 읽기 연극을 계속해 나갈 수 있는 힘이 된다. 대사 암기도 필요 없고, 특별한 무대 장치나 소품 준비와 같은 번거로운 작업도 없이, 비교적 쉽고 부담 없이 아동 학습자가 극적 경험을 하면서 자연스럽게 자기 주도적 창의적 학습자로 거듭날 수 있는 효율적인 수업 장치인 읽기 연극 역시 일종의 극적 경험이자 연극으로 접근해야 하는 까닭이 바로 여기에 있다.

별다른 무대 준비를 할 필요 없고 대본을 외울 필요가 없다는 점을 주목하여 읽기 연극 수업은 주로 역할극 수업 활동의 결과를 발표하는 형식으로 활용하거나, 협동 대본 쓰기의 동기 부여를 전제로 하는 활동으로 활용되고 있다. 하지만 읽기 연극이 영어 교육을 위한 유의미한 틀로 자리 잡기 위해서는 일단 읽기 연극 그 자체로 얻을 수 있는 효과에 집중할 필요가 있다. 읽기 연극 수업이 활발하게 활용되는 외국, 특히 북미의 경우, 읽기 연극은 유창성 개발을 위한 수업 장치로 활용되는 경우가 압도적으로 많다. 유창성은 주어진 텍스트를 최소한의 실수로 정확하고 빠르게, 그리고 감정과 표현을 실어 운율감 있게 읽을 수 있는 능력으로, 학습자의 유창성 수준은 정확성, 자동성, 운율성 측면에서 고른 발전을 이루고 있는지 확인을 통해 가늠할 수 있다(Rasinski, 2010).

그렇다면 왜 유창성을 향상시켜야 하는 걸까. 이는 읽기의 궁극적인 목표가 주어진 텍스트를 정확하고 빠르게 이해하며 읽는 것이기 때문이다. 읽기 활동은 단어를 분해하고 조합하여 소리 내서 읽는 표면적 읽기와 텍스트 이해라는 인지적 과정의 결합이라고 볼 때, 전자의 과정에 들이는 시간이 줄면 전반적인 읽기 속도가 빨라질 뿐만 아니라 글 자체를 이해하는 데 할애할 시간이 늘고 글에 대한 이해도도 높아진다고 볼 수 있다(Pikulski & Chard, 2005). 따라서 표면적 읽기 개발은 궁극적으로 글을 이해하는 독해력 향상과 밀접한 연관 관계가 있기 때문에 표면적 읽기 개발이 중요하며, 이는 소리 내어 읽기, 반복적 읽기를 통해 효과를 볼 수 있다(Kuhn & Stahl, 2000). 언어 발달에서 유창하게 읽는 기술 개발은 목표 언어에 대한 자신감을 형성할 뿐만 아니라, 언어의 다른 영역 발달로 자연스럽게 전이될 수 있기 때문에 읽기의 목적을 군이 언어의 다른 영역 기술 개발로 삼지 않아도 읽기를 위한 읽기를 통해 다른 언어 기술의 부차적 발전을 기대할 수 있다(Griffith & Rasinski, 2004).

읽기를 유창하게 할 방법으로 반복 읽기의 효용이 강조된다(Worthy & Prater, 2002). 유창성을 위한 반복 읽기는 필연적인 요소지만 반복에 따른 지루함, 재미없음, 동기 부여의 어려움 때문에 학습자에게 쉽게 적용할 수 없다. 읽기 연극은 바로 이러한 단순 반복 읽기의 문제점을 극복할 수 있는 방법이고, 동시에 다양한 문학적 예술적 경험을 할 수 있는 종합적 읽기 활동이다. 결론적으로 읽기 연극 수업 설계 시 가장 먼저 고려할 사항은 학습자로 하여금 자발적으로 반복 읽기를 할 동기 부여 방법을 다양하게 제공해야 한다는 점이다. 읽기 연극 수업은 다른 어떤 언어 기술 개발에 앞서 혼자서 글을 읽도록, 글을 읽는 것에 재미를 붙여서 계속 읽도록 하는 것이 먼저 선행되어야 한다. 읽기 연극은 혼자 읽기보다는 집단 읽기를 통해 보다 다양한 읽기 방법을 적용할 수 있는 틀이라는 전제로 수업을 계획해야 한다.

"Readers Theater makes reading practice an adventure instead of a chore."

    국내 읽기 연극 수업 관련 연구 대부분이 교과서 읽기 자료의 한계와 학습자 수준별 다양한 읽기 활동 및 읽기 자료 개발의 필요성을 지적한다. 그와 더불어 읽기 연극 수업을 진행한 뒤 학습자 대상 설문에서는 대본이 더 재미있었으면 좋겠다는 피드백을 자주 받았다고 밝힌다. 이처럼 읽기 연극 수업의 성패는 재미있고 유익한 대본에 있다고 해도 과언이 아니다. 그런데 현재 읽기 연극 수업 관련 논문은 대부분 교과서 단원별 의사소통 기능 표현을 반영한 이야기 대본을 구하거나, 의사소통 기능 표현을 적용할 수 있는 대본을 학습자 또는 교사가 직접 작성하여 읽기 연극 대본으로 이용하고 있다고 밝히고 있다. 물론 학습자 스스로 작성한 읽기 대본을 활용한 읽기 연극 수업은 학습자에게 직접적인 동기 부여가 된 유의미한 쓰기 활동과 읽기 활동을 연결시키는 수업 모형으로서 궁극적으로 읽기 연극 수업이 지향해야 할 이상적인 수업 모형 가운데 하나라고 할 수 있다(Flynn, 2011).

　　그러나 이것은 영어를 모국어로 하는 수업, 그것도 고학년 이상에서 시도되는 것으로, 아직 우리나라 초등영어 교육 현장에서 활용하기에는 무리가 있다. 학습자 참여를 유도하기 위해 대본을 쓰도록 하거나 학습자의 아이디어를 바탕으로 교사가 대본을 작성하는 것은 제한된 수업 시간과 학습자의 언어적 능력 한계로 교사·학습자의 부담이 커진다. 애써 만들어 낸 대본은 읽기 유창성 개발을 위한 자료로는 높은 완성도를 기대하기 힘들다. 이보다는 다양한 읽기 대본을 텍스트로 다양한 읽기를 통해 정확성, 자동성, 운율성을 바탕으로 한 유창성을 키울 수 있는 읽기 연극 자체에 공을 들여야 한다. 학습자의 영어 능력과 교과서 주요 의사소통 구문을 대본 선택의 기준으로 삼는 것이 아니라, 운율, 각운, 두운과 같은 영어 고유의 소리를 반영하고 있고 내용 면에서도 초등 학습자의 인지 발달 수준을 고려한 자료를 지속적으로 제시해야 한다. 다시 말해, 외국어 교육으로서의 영어 읽기 연극의 대본은 그 자체로 언어적 경험과 문학적 경험을 할 수 있어야 한다. 또한 읽기 연극의 특성상 해설자(narrator)를 여러 명 둘 수 있기에 단순 대본 형식이 아닌 텍스트 자체를 대본으로 활용할 수 있다는 점에 주목해야 한다.

결론적으로, 읽기 연극을 수업에 적용하려면 영어 교과서의 내용을 복습하거나 연습하는 장치가 아니라, 읽기 연극을 하나의 독립된 시간으로 설정하는 의미 있는 모험이 필요하다. 읽기 연극의 궁극적인 목적은 유창하게 읽을 수 있고 다른 사람의 도움 없이 스스로 읽을 수 있으며, 읽는 행위가 즐거워 자발적으로 읽을 수 있도록 학습자를 지도하는 데 있다. 이 부분이 성공적으로 해결되면 자연스럽게 말하기, 듣기, 읽기와 같은 기술로 확장할 수 있는 여유가 생기며, 동시에 문학에 대한 이해를 통한 인지적 정서적 발달과 연극이라는 사회적, 예술적 경험까지 학습자에게 제공할 수 있게 된다.

앞서 언급했듯이 읽기 연극은 연극적 요소를 지닌 읽기이다. 준비된 무대 공간 혹은 공연 장소에서 자기에게 주어진 역할에 맞게 감정 표현을 표정과 동작, 목소리에 담아 관객을 상대로 대본 읽기를 한다는 점에서는 연극적 의미가 강하지만, 무대 의상 및 소품을 갖추고 대사를 외워서 무대에서 움직이면서 공연할 필요가 없이 한자리에서 대본을 보고 발표하듯이 읽으면 된다는 점에서는 전통적 연극의 정의와 거리를 두게 된다. 연극 수업의 장점을 인정하면서도 관객을 위해 준비해야 하는 부담과 어려움 때문에 연극 수업 활동을 멀리했던 교사의 입장에서는 별다른 무대 의상 및 소품을 갖출 필요도 없고 대사를 외우도록 학생을 강요할 필요도 없으며, 무대에서 움직이면서 공연할 필요가 없기에 연극 연출에 대한 큰 부담도 없는 읽기 연극을 매력적인 수업 활동으로 받아들이게 된다.

그러나 관객을 위한 공연이 아닌 참여자를 위한 수업 활동으로서의 읽기 연극은 오히려 읽기 연극에 대한 오해를 불러일으킨다. 연극적 요소를 제거하면서 부피를 줄이려는 것만이 연극 수업의 답이 될 수는 없다. 지금까지 읽기 연극과 관련된 국내 실험 논문에서는 이러한 읽기 연극의 연극적 요소에 관한 언급이 전무하다. 학생들은 읽기 연극에 대한 특별한 지도나 교육을 받지 못한 채 교사의 시범독을 따라 읽는 정도에 그친다. 김정신(2013)은 읽기 연극이 "한 편의 극을 무대 위에 올리기 위한 복잡하고 많은 단계와 연습, 시간과 노력을 들이지 않고도 충분히 드라마적인 장점을 지닌 채 초등 고학년 학습자의 영어 습득에 적용할 수 있는 매우 유용한 방법"이라고 했지만, 읽기 연극은 대본을 외우지 않는다는 심리적

Autumn Sounds

Leaf1: Crunch! Crunch!
      What's that sound?
Leaf2: Crunch! Crunch!
      Look around.
Leaf3: Crunch! Crunch!
      Hear that noise?
Leaf4: Crunch! Crunch!
      Girls and boys?
Leaf5: Crunch! Crunch!
      A mouse with cheese?
Leaf6: Crunch! Crunch!
      It's autumn leaves!

가을 낙엽 소리

이 대본은 읽기 연극 대본 선정 기준에 부합하는 예로서, 낙엽을 밟는 소리의 반복이 주는 재미를 느낄 수 있다. 6명이 각각 나뭇잎을 연기할 수도 있고, 6모둠이 하나의 잎에 해당하는 대사를 읽을 수도 있다. Leaf1의 대사를 하면서는 귀에 손을 대고 무언가를 들으려는 동작을, Leaf2의 대사에서는 주위를 둘러보는 동작을 할 수 있다는 예시를 통해 다른 나뭇잎의 대사에 적절한 동작을 학습자들이 생각해 낼 수 있게 유도한다. 또한 나뭇잎 밟는 소리로 연상되는 소리를 질문함으로써 모둠마다 각기 다른 가을 소리 대본을 구성할 수 있다. 각 행은 운율이 맞게 되어 있다. 'sound'와 'around'/ 'cheese'와 'leaves'가 그러하다. 대개 'Boys and girls'라고 하지만 이 대본에서 'Girls and boys'로 도치된 이유도 전행의 'noise'와의 각운을 고려한 것이다. 학습자의 귀와 입을 훈련시키는 데 적합한 대본이다. 이 대본 읽기 활동은 낙엽을 주워온 후, 가을 꾸미기와 같은 미술 활동과 연계할 수도 있고, blue, read, yellow와 같은 색깔과 나뭇잎을 연계하여 색깔 수업에도 응용할 수 있다. 매 행마다 반복되는 "Crunch! Crunch!"는 모든 학생이 합창하도록 한다면 수업에 대한 집중력을 높일 수 있다.

방어 장치를 제외하고는 일반 연극처럼 연습과, 노력, 시간을 들여 완성해야하는 극적 경험 활동이다. 특히 읽기 연극은 듣는 사람을 전제로 이루어지는 것이기 때문에 아직 듣기 기술이 완성되지 않은 초등학생의 경우 듣고 이해하여 읽기 연극에 공감할 수 있는 장치가 고려되어야 한다.

읽기 연극은 특별한 무대 장치나 소품이 필요하지 않고 오직 목소리 하나로 운영된다는 특징이 있지만, 이는 읽기 연극 수업의 장점이자 단점이 모두 될 수 있는 양날의 검이다. 우리 초등 교육 현실에서는 오히려 창의적 활동과 연극 수업 몰입을 위한 장치로 의미 있게 변용할 수 있는 부분이다. 읽기 연극 수업 진행 과정에서 아동 학습자들이 자발적으로 소품을 만들어 극에 대한 참여를 높였다는 김태영(2009)의 연구 결과는 이를 뒷받침해 준다. 남에게 보여 줄 필요가 없으니 일회성으로 대충 해도 된다가 아니다. 완성도 있는 읽기 연극이 될 수 있도록 반복해서 읽으면서도 지루해하지 않고 읽기에 몰입시킬 수 있을 정도의 연극적 요소를 어떻게 읽기 연극 수업에 포함시킬지에 대한 고민이 필요하다.

지금까지 발표된 논문 대다수는 읽기 연극의 대상을 고학년, 특히 6학년으로 선정하여 실험한 사례에 집중되어 있다. 이는 어느 정도 읽고 쓰기가 가능해진 학습자를 대상으로 쓰기 능력 향상을 증명하는 수업 설계에서 원인을 찾을 수 있다. 황선경(2011)은 대본을 쓰고 읽는 활동을 요하는 읽기 연극은 문자 지도가 이루어지지 않은 중학년에는 적합하지 않다고 했으나, 오히려 저학년부터 읽기 연극을 시작할 필요가 있다. 읽기 연극이 별다른 무대 장치나 소품도 필요 없고, 대본을 암기해야 하는 부담 없이 진행할 수 있기에 읽기만 가능해지면 손쉽게 수업에 적용할 수 있다는 생각은 오산이다. 연극 수업이든 읽기 연극 수업이든 일반적인 교육 과정상 과목 수업이 아니기 때문에 모두에게 낯설고, 익숙하지 않은 것에 대한 불편함 때문에 학습자는 물론 교사 모두에게 어렵다. 그렇기에 읽기 연극 수업에 적응할 심리적 시간을 확보해야 한다. 곧바로 감정을 넣어 읽는 훈련을 시키기 전에 읽기 연극이라는 틀에 적응하고 익숙해질 수 있도록 읽기 활동을 실행해야 한다. 감정을 넣어 표현력 있게 읽기 위해서는 무엇보다 연극이란 틀을 어려서부터 자연스럽게 받아들여야 한다. 따라서 교육 과정상 읽기가 시작되는 3학년부터 읽기 연극을 바로 적용할 수 있고 적용해야 한다.

읽기 연극은 지도하는 교사의 재량에 따라 창의적 요소를 가미하여 공연할 수 있다. 읽기가 가능한 학생들이 대본 혹은 텍스트를 읽는 동안에, 읽기를 막 시작해서 아직 정확하게 읽을 수 없는 학생들은 몸동작으로 의미를 만들며 읽기 연극에 참여할 수 있다. 만약 학생들이 대본 전체를 읽을 수 없다면 핵심 표현 또는 반복되는 부분만을 읽도록 지도하고 나머지는 교사가 읽을 수 있다. 중요한 것은 읽기 연극의 틀에 자연스럽게 반복적으로 노출하는 것이다. 도움 없이 혼자서 글을 읽을 줄 모르는 읽기를 막 시작하는 학습자들도 읽기 연극 형태에 노출되고 참여하는 것만으로도 도움이 되고, 이후 읽기 연극을 통해 얻을 수 있는 많은 언어적 경험의 밑거름이 된다. 교사의 말을 따라 읽는 것만으로도 감정을 가지고 읽기에 대한 연습을 하게 되고, 또래집단과의 공유된 텍스트 읽기를 통해 읽기에 대한 자신감과 즐거움을 경험하게 된다.

읽기 연극의 틀은 매우 유연하므로, 읽기 연극을 만드는 사람들의 상상력으로 형식과 내용을 자유롭게 바꿔 적용할 수 있다. 공연 장소도 교실도 될 수 있고, 공원이나 운동장과 같은 곳, 혹은 무대도 될 수 있다. 대

본 역시 편지글, 일기, 신문기사, 이야기, 동시, 아이들이 지어낸 이야기도 가능하다. 또한 대상도 어린아이부터 어른까지 모두 적용 가능하다. 연극처럼 배역을 꼭 나눌 필요도 없다. 특히 읽기 연극을 시작하는 단계에서는 감정을 표현해서 읽는 것을 강요하기보다는 소리의 강약과 소리의 높낮이 정도를 표현할 수 있는 대본을 선정해서 읽기 연극을 시작하면, 자연스럽게 읽기 연극에 노출되어 고학년으로 갈수록 다양한 방법으로 읽기 연극을 활용하여 다양한 언어적 경험의 재료로 삼을 수 있다.

읽기 연극 수업과 관련한 대다수의 논문들은 적게는 8주, 많게는 12~15주를 실험 기간으로 설정하고 있다. 모두 한 학기를 기준으로 수업을 설계한 것이다. 하지만 정작 읽기 수업이 이루어지는 시간은 수업의 일부, 혹은 아침 자습 시간 정도뿐이다. 영어를 모국어로 하는 수업에서도 읽기 연극 수업을 하기 위해 매일 일정한 시간을 할애한다. 읽기 연극을 위한 별도의 수업이 아니라 리터러시 수업의 일부로 하루에 짧게는 5분에서 길게는 20분 정도를 운영, 매주 금요일은 "유창한 금요일(Fluent Friday)"로 한 주 동안 읽은 자료를 읽기 연극으로 발표하는 시간을 갖는다(Young & Rasinski, 2009). 현재 논문에 쓰인 수업 모형을 살펴보면, 먼저 대본을 나누어 주고 제목과 등장인물을 통해 내용을 유추해 보고 모르는 어휘를 정리해 볼 시간을 가진 후, 교사의 시범독을 듣고, 따라 읽을 시간을 가진 다음, 배역을 정하여 읽기 연습을 하고 모둠별 시연을 하는 공통된 수업 계획을 설정하고 있다. 초등 6학년에 처음으로 읽기 연극이란 틀을 가지고 단기간 설계를 해야 하는 입장에서는 최선의 수업 방식이라 할 수 있다. 하지만 연극 수업과 마찬가지로 읽기 연극 수업은 단기간 설계로 성공적인 교육적 효과를 얻기에는 한계가 있다. 앞서 언급했듯이 읽기 연극이란 틀에 적응할 기회를 가능한 한 저학년부터 충분히, 지속적으로 주어야 한다. 연극적 경험 다음이 언어적 경험이 될 수 있도록 장기간 설계를 해야 한다.

읽기 연극은 아동 학습자들이 같은 자료를 반복적으로 읽는 활동 자체를 거부감이나 지루함 없이 받아들일 수 있어야 한다. 동시에 아동 학습자들이 이미 가지고 있는 다양한 기술과 능력을 자극할 수 있도록 활동을 조직해야 한다. 같은 자료를 반복해서 읽다 보면 속도와 정확성 측면에서 유의미한 발달을 기대할 수 있을 뿐만 아니라 연습하지 않은 새로운 자료에 대한 읽기와 이해도 측면의 향상을 함께 기대할 수 있다는 의미 있는 연구 결과에도 주목할 필요가 있다(Tyler & Chard, 2000). 읽기 연극의 성공적인 경험은 읽기를 계속할 수 있는 원동력이 되기에 충분하다. 따라서 기존의 읽기 연극 수업 설계와는 달리, 이 장에서는 읽기 연극을 시작하는 단계별로 읽기 연극 수업의 큰 패러다임을 제시하고자 한다. 이 패러다임이 최적의 수업 구성은 아닐지라도 앞으로 읽기 연극을 설계하는 초등 교사에게 의미 있는 출발점이 되리라 확신한다.

2. 단계별 읽기 연극 수업 모형

1) A모형: 3~4학년 또는 읽기를 시작하는 학습자 집단

읽기 연극을 시작하는 아동 학습자를 위한 텍스트(대본)는 그림이 있는 텍스트가 좋다. 무슨 내용인지 교사가 직접 설명할 필요 없이, 그림에 관해 이야기하면서 의미와 상황을 파악할 수 있고, 학습자가 그림 힌트로 외부 도움 없이 스스로 읽을 수 있다는 자신감을 느끼면서 즐겁게 읽을 수 있다. 따옴표 대사가 많은 텍스트를 자료로 선정하는 것도 읽기 연극을 시도하기 편한 방법이다. 반복 및 후렴구가 있는 텍스트〈Click, Clack, Moo〉, 의성어가 반복되는 것〈Chicka Chicka Boom Boom〉, 의미보다는 소리가 주는 재미가 있는 텍스트〈Bleezer's Ice Cream〉, 두운과 각운이 있어 예측 가능하게 읽을 수 있는 텍스트〈Quick as a Cricket〉 역시 읽기를 시작하는 학습자에게 유용하면서도 도움을 주는 읽기 연극 자료가 된다. 간단한 움직임을 표현할 수 있거나〈Five Little Monkeys Jumping on the Bed〉, 소리의 강약 높낮이 정도를 표현할 수 있는 텍스트 〈Mr. Whisper〉는 연극적 요소를 간접적으로 가르치기 좋다.

묻고 답하는 구조로 된 텍스트〈Have You Seen My Cat?〉 역시 읽기 연극을 시작하는 교사와 학습자 모두에게 즐거운 읽기 연극을 경험할 기회를 준다. 또한 묻고 답하는 구조는 아니지만, 교사의 선창과 학생들의 합창을 유도하기 좋은 책으로 Laura J. Numeroff의 〈If I give a mouse a cookie〉 혹은 John Burningham의 〈Edwardo, the horriblest boy in the whole wide world〉를 추천한다. 〈If I give a mouse a cookie〉는 한쪽에 "If you give a mouse _____"이 반복되고, 빈칸의 물건에 따라 쥐가

Mr. Whisper broke his blue cup.

He went to the cup shop.
"Do you have a blue cup?" he asked
in his whispery voice.

"Louder! I can't hear you,"
said the woman.

Mr. Whisper asked,
"Do you have a blue cup?"

"Louder! I still can't hear you!"
the woman said.

2   3

〈Mr. Whisper〉는 Sunshine Readers Series로 유명한 Joy Cowley의 책으로, 파란 컵을
깬 Mr. Whisper가 컵을 사기 위해 점원과 이야기를 나누는 내용이다. 작은 목소리는 작은
글씨로, 큰 목소리는 큰 글씨로 되어 있어 자연스럽게 소리의 크기를 경험하게 할 수 있다.

하는 행동이 다른 한쪽에 나타난다. 따라서 처음에는 학생들이 반복표현
인 "If you give a mouse _____"을 선창하도록 하고 교사는 쥐가 행동
하는 부분을 읽는다. 크게 같이 읽는 것에 익숙해지면, 교사와 학생의 역
할을 바꾸고, 다음 활동에는 교사의 역할을 맡을 모둠과 다른 학생 모둠
과의 읽기를 제안할 수 있다.

〈Edwardo, the horriblest boy in the whole wide world〉의 경우도 비
슷하다. 한쪽에는 말썽쟁이 에드와르도의 내용이, 다른 쪽에는 그것을 혼
내는 어른들이 등장한다. 하지만 에드와르도가 착한 일을 하면서 그를 칭
찬하는 말로 바뀐다. 따라서 이 책은 감정을 넣어 읽는 대본을 연습시키

"When you give him the milk, he'll probably ask you for a straw."

기에 도움이 된다. 인물의 감정을 분석하여 읽어야 하는 이야기 바탕의 텍스트나 대본은 읽기 연극 틀에 어느 정도 익숙해진 후에, 아주 잘 알려진 이야기를 대본으로 바꾼 것부터 시도하는 것이 바람직하다.

　모둠별 읽기 연극보다는 10명 혹은 반 전체가 함께 읽을 수 있는 텍스트를 가지고 수업을 운영하는 편이 좋다. 교사의 적극적인 도움이 필요한 시기이기 때문에 읽기 연극 연습에는 빅북(Big Book)을 활용하거나 낱말, 혹은 구절 카드를 활용, 문자 경험을 가능한 한 많이 할 수 있도록 하고, 반복과 후렴구가 있는 텍스트인 경우, 반복되는 단어 혹은 구절, 후렴구만 읽도록 하고 나머지는 교사가 읽는다. 이후, 교사 부분까지 모둠을 나누어 학생들만 읽도록 지도한다. 읽기 능력이 아직 발달하지 않은 학생들은 움직임 또는 음향 효과 등을 담당하도록 해서 읽기 연극에 익숙해지도록 지도한다. 해당 대사에 기분(얼굴 표정) 스티커나 간단한 그림으로

〈Edwardo, the horriblest boy in the whole wide world〉

자신이 읽을 부분에 대한 힌트를 집어넣는 훈련을 하고, 1인 체제로 읽기보다는 2~3명이 같은 부분을 읽도록 해서 자신들이 읽는 부분을 잘 나타낼 수 있는 방법을 생각하도록 한다. 예를 들어 서로 의견을 모아 자신이 읽을 부분을 효과적으로 관객에게 제시하기 위해 필요한 간단한 그림 혹은 간단한 소품, 동작 등을 제시하도록 유도한다. 읽기 연극 공연에서는 간단한 그림 혹은 소품, 동작을 적절히 사용하면서 공연할 수 있도록 한다. 이동 없이 한자리에서 동작을 통해 자신들의 부분을 잘 표현해서 전달할 수 있게 한다. 관객은 같은 반 친구, 또는 옆 반 친구들, 가족이 될 수 있다. 교사는 오케스트라 지휘자처럼 전체적 읽기 속도와 조화가 이루어질 수 있도록 앞에서 함께 입 모양 읽기와 표정, 동작 힌트를 준다.

3~4학년 또는 읽기를 시작하는 학습자를 위한 읽기 연극 수업 자료 예시

읽기 연극 텍스트	특징 및 활용 방법
 *Dr. Seuss's ABC : An Amazing Alphabet Book* by Dr. Seuss	이 책은 알파벳을 반복과 두운, 질문과 답, 간단한 후렴구 등으로 제시하여 읽기 요소가 풍부할 뿐만 아니라, 그림과 연결된 읽기 자료로도 적합하다. 아동 학습자들의 파닉스 연습에도 큰 도움을 주면서 단어를 분석(decoding)하여 읽을 수 있도록 유도한다. 알파벳과 연결된 단어 확장 수업도 가능하고, 학생들에게 단어에 알맞은 움직임을 표현해 보라고 할 수도 있고, 그림을 간단히 그리도록 해서 읽기 연극의 소품으로 활용할 수도 있다. 이와 유사한 읽기 활동으로 <Hop on Pop>, <Fox in Socks>, <One Fish, Two Fish, Red Fish, Blue Fish>를 활용해도 좋다. <예시: 5명으로 구성된 모둠> 학생 1: Big B, 학생 2: little b, 학생 1, 2: What begins with B? 학생 3: Barber, 학생 4: baby, 학생 5: bubbles, 학생 3, 4, 5: and a bumblebee.
 *Good Night Moon* by Margaret Wise Brown	이 책은 그림을 통해 많은 어휘를 제시하고 있다. 책 전반부에는 그림에 나타나는 대상을 묘사하고, 후반부에는 "Good Night"을 붙여 앞서 묘사한 것을 다시 보여준다. 구성상 교사가 전반부를 학생들이 후반부를 읽도록 하고, 어느 정도 익숙해지면 학생들을 나누어 읽도록 한다. 학생들이 알고 있는 어휘를 활용 "Good Morning"으로 바꾸어 활용해도 좋다. <예시> 학생 1: Good night! two little kittens 학생 2: Good night! a pair of mittens 학생 3: Good night! a little toy house 학생 4: Good night! a young mouse

Bleezer's Ice Cream
By Jack Prelutsky

아이들이 좋아하는 아이스크림을 주제로 두운과 각운이 잘 어우러진 동시를 활용하여 읽기 극장이 가능하다. 모둠별 빨리 읽기 경쟁을 할 수도 있고, 자신이 원하는 아이스크림 이름을 만들어 읽기 극장을 할 수도 있다.

<예시>

학생 1: BROCCOLI BANANA BLUSTER
학생 2: CHOCOLATE CHOP SUEY CLUSTER
학생 3: COTTON CANDY CARROT CUSTARD
학생 4: CAULIFLOWER COLA MUSTARD
학생1, 2, 3, 4: WHAT A SWEET ICE CREAM!

As Quick as a Cricket
by Audrey Wood

묘사하는 동물에 따라 간단한 움직임, 표정, 소리의 강약, 높낮이를 다양하게 변화시켜 읽을 수 있는 자료로, 이야기 대본을 읽을 때 감정을 넣어 표현력 있게 읽도록 지도하기에 좋다. 자신 혹은 모둠의 파트에 해당하는 그림을 간단히 그리고 대사를 쓰게 해서 학생들이 만든 대본으로 수업하면 더 효과적이다. 크게 읽어야 하는 파트는 글자를 크게 쓰고, 작게 읽어야 하는 파트는 글자를 작게 써 보도록 하는 것이 읽기 연극 공연에서 음량 조절에 도움이 된다. 옆 사진처럼 흰 종이에 교사가 대본을 적어 한 줄씩 읽기 연습을 할 수 있다.

<예시>

학생 1: I'm as quick as a cricket.
학생 2: I'm as slow as a snail.
학생 3: I'm as small as an ant.
학생 4 :I'm as large as a whale.

Who Took the Cookies from the Cookie Jar?
by Bonnie Lass

질문하고 답하는 구조의 반복 텍스트로 교사-학생, 모둠-모둠 구조로 다양하게 읽기 연습을 할 수 있다. 배역에 따른 목소리 훈련이 가능하다. 비슷한 자료로 <Have you seen my cat?> <Brown Bear Brown Bear>, <Polar Bear, Polar Bear>, <Panda Bear, Panda Bear>, <Baby Bear, Baby Bear> 등이 쓰일 수 있다.

<예시>

여학생 모둠: Who Took the Cookies from the cookie jar?
남학생 모둠: The mouse took the cookies from the cookie jar.

Rooster is Off to See
the World
by Eric Carle

여행을 떠난 수탉이 다양한 동반자를 만나는 이야기다. 처음에는 교사가 주인공 수탉 역을 하고, 후에는 학생에게 수탉 역할을 맡기되, 대사가 많은 경우 수탉을 3명 정도로, 해설 역할도 3명 정도로 운영한다. 읽기 연극에 참여하는 학생들이 모두 나와 준비한다. 자기 파트가 아닐 때는 뒤돌아 있다가 자기 파트에서 돌아서 관객을 보고 읽는다. 자기 파트를 그려서 대본 앞에 붙이기 활동이나 동물의 특징으로 읽기 연습을 할 수 있다. 이 책의 장점은 새로운 동물이 등장할 때 고양이 두 마리, 개구리 세 마리, 거북이 네 마리로, 30명으로 구성된 학급의 경우, 15명이 목소리 배우로, 15명이 관객으로 읽기 연극을 경험할 수 있다는 것이다. 비슷한 텍스트로는 <The Very Busy Spider>, <A House for A Hermit Crab>을 활용할 수 있다.

Click Clack Moo
by Doreen Coronin

재미있는 이야기와 의성어가 조화를 이룬 읽기 자료이다. 흰 티셔츠에 검은 색종이를 붙여 무대 의상을 준비하여 읽기 연극 공연을 할 수 있다. 글자를 타이핑할 수 있는 소들과 목장 주인 사이의 흥미로운 거래가 줄거리인데, 처음에는 타이핑 소리나 등장 동물의 울음소리 정도를 학생들에게 맡겨 읽기 연극을 시작하되, 반복해서 읽으면서 점점 학생들이 읽는 부분을 늘린다. 해설자를 2, 3명 두어서 읽는 분량을 조절한다.

<예시>

교사(학생1) : Farmer Brown has a problem.

교사(학생2) : His cows like to type.

교사(학생3) : All day long he hears

학생 전체: Click, clack, MOO. Click, clack, MOO. Clickety, clack, MOO.

2) B모형: 5~6학년 또는 읽기 연극 경험이 있는 학습자 집단

읽기 연극을 어느 정도 경험한 아동 학습자들을 대상으로 읽기 연극 수업을 운영할 때도 저학년 읽기 연극 수업처럼 텍스트(대본)의 운율성, 반복성, 소리가 주는 재미 등과 같은 언어 요소를 고려해야 한다. A모형의 자료처럼 따옴표로 대사가 있는 텍스트를 선정하는 것이 수업에 유리하다. 여기에 학습자의 인지 발달을 고려한 내용이 가미되면 보다 완성도 있는 읽기 연극 수업을 할 수 있다. 텍스트(대본)는 어느 정도 읽기 능력이 갖추어졌다는 전제로, A모형에 쓰인 자료보다 길이가 긴 텍스트를 고르거나, 잘 알려진 이야기를 패러디한 것, 다른 교과 내용을 반영한 텍스트(대본) 등을 선정하면 효과적이다. 읽기 연극에서는 일반 연극과는 달리 해설자를 여러 명 둘 수 있기에, 텍스트에 따라 읽기 연극에 참여하는 인원을 탄력적으로 적용할 수 있다. 해설자는 극의 진행을 잘 설명해 주는 중요한 역할을 맡는데, 이를 잘 활용하여 10명 정도가 한 모둠으로 완성될 수 있는 텍스트(대본)를 선정하고 읽을 부분을 나눈 후, 해당 대사에 형광펜으로 자신의 파트를 표시하도록 지도한다. A모형보다는 개별 연습 시간을 더 주고, 동료 평가와 도움을 유도하여 보다 주도적인 읽기 연극 수업을 할 수 있도록 한다. 관객은 같은 반 친구, 또는 옆 반 친구들, 가족, 교사와 같이 친숙한 집단뿐만 아니라, 외부인사들 앞에서도 공연할 기회를 주면 읽기 연극에 큰 동기 부여가 될 수 있다.

5~6학년 또는 읽기 연극 경험이 있는 학습자를 위한 수업 자료 예시

읽기 연극 텍스트	특징 및 활용 방법
 *The Gruffalo* by Julia Donaldson	운율감이 풍부하고 따옴표 대사가 많은 Donaldson의 작품은 읽기 연극 대본으로 좋다. 등장인물이 다양하기 때문에 해설자를 잘 활용하면 10명 정도를 한 모둠으로 읽기 연극을 할 수 있다. 시리즈로 <The Gruffalo's Child>를 같이 활용하면 좋다. 참고로 <Room on the Broom>, <Stick Man>, <The Spiffiest Giant in Town> 등의 자료를 추천한다.
 *Play Time* by Julia Donaldson	이 책에 수록된 대본은 영어를 모국어로 하는 학생들 가운데 읽기에 어려움이 있는 학생들을 대상으로 하고 있다. 각운과 두운을 살린 대본으로 한 문장 대사에서 난이도를 높여 읽을 수 있게 되어 있다. 초반에는 <The Boy Who Cried Wolf> 와 <Three Billy Goats Gruff>와 같이 기존 이야기를 변형한 대본을 제시하고, <Turtle Tug>, <The Wonderful Smells>와 같이 토론과 반응을 이끌어 낼 수 있는 대본이 수록되어 있어 고학년들에게 적합한 읽기 연극 대본으로 추천한다.
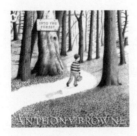 *Into the Forest* by Anthony Browne	<Little Red Riding Hood>를 패러디한 내용이다. 한 아이가 병든 할머니 댁을 찾아가면서 동화 속 인물들을 차례로 만난다. <Little Red Riding Hood>를 읽기 연극의 텍스트로 쓰는 것보다 아이들의 호기심을 유발할 수 있고, 기존 스토리와의 차이점을 찾는 활동이 가능하다. 비슷한 텍스트로는 <Three Little Pigs>를 패러디한 <The True Story of Three Little Pigs>, <Cinderella>를 패러디한 <Prince Cinders>, <Goldilocks and Three Bears>를 패러디한 <Goldilocks Returns> 등이 있다. 교사가 이야기를 바탕으로 대본으로 바꾸거나 학습자의 의견을 반영하여 공동 작업으로 대본을 완성할 수 있다.

과학, 수학, 문학, 역사 등의 내용을 반영한 대본으로, 영어와 다른 교과목을 접목한 읽기 연극이다. 우리나라 현실에 그대로 적용하기 어려운 대본이 많지만, 읽기 연극 틀에 적응한 초등 고학년들을 대상으로 시도해 볼 가치가 있는 읽기 연극 자료이다.
http://www.rosalindflynn.com/RdrsThtr.html

Scripts
by Rosalind Flynn

인터넷에서 참고할 수 있는 대본 사이트
Dr. Young's Reading Room: http://www.thebestclass.org/rtscripts.html
Readers Theater Scripts and Plays:
http://www.teachingheart.net/readerstheater.htm
Reading A-Z: http://www.readinga-z.com/fluency/readers-theater-scripts/
Reader's Theatre - Children's Play Scripts from Whootie Owl:
http://www.storiestogrowby.com/script.html
Classroom Theater: http://www.fictionteachers.com/classroomtheater/theater.html

만약 어떤 특정 학년에게 1년 동안 읽기 연극 수업을 계획할 경우에는 A모형의 자료를 통해 읽기 연극의 틀을 경험하도록 한 뒤에 B모형의 자료 가운데 학습자들의 성향과 능력에 맞추어 수업을 계획하도록 한다. 읽기 연극의 효과는 즉각적으로 가시화되기 힘들다. 교사가 신념을 가지고 꾸준히 지속적으로 수업에 응용해 보는 노력이 필요하다. 교사는 학생들에게 다양하게, 정확하게, 표현력 있게 읽는 시범 역할 뿐만 아니라, 전체적인 흐름을 조율하는 합창단의 지휘자 역할을 담당해야 한다. 오케스트라 협주의 완성과 성공을 위해 각 파트별 개인 연습이 필수적인 것처럼 읽기 연극을 준비하는 아동 학습자가 다른 사람 앞에서 편안하고 자신감 있게 읽을 수 있도록 충분한 연습 시간과 동기 부여를 주어야 한다.

3. 텍스트 반응 읽기 지도를 위한 연극 수업

나무가 거목(巨木)으로 자라기 위해서는 성장에 적합한 환경이 조성되어야 한다. 언어는 나무와 같아서 효과적인 언어 습득과 발달을 기대하려면 풍부한 언어적 환경(rich linguistic environment)이 조성되어야 한다. 비슷한 맥락에서 촘스키(Chomsky, 1980)는 효과적인 언어 수업을 위해서 학습자를 "언어의 가장 좋은 예들"로 에워싸야 한다고 조언한다. 그리고 바로 그 "언어의 가장 좋은 예"는 책에서 찾을 수 있다. 우리는 언어를 불문하고 책 읽기가 주는 셀 수 없이 많은 장점을 알고 있다. 책 속에 길이 있다는 불변의 진리를 앞세워 교육 현장에서도 책 읽기를 강조한다. 하지만 책 읽기는 항상 개인적인 영역에서 해결책을 찾도록 방치되는 경향이 있다. 교육 현장에서도 읽은 내용을 확인하거나 읽은 책 목록을 적어 내거나 독후감을 써 내는 정도에 머물 뿐, 보다 효과적인 책 읽기 지도 방법을 교육의 범주에서 시도하지 못하고 있는 것이 현실이다. 책 속에 분명 길이 있다. 하지만 그 길을 계속 걸을 수 있도록, 즐겁게 걸을 수 있도록, 그 길을 걸으면서 찾아야 할 것, 보아야할 것, 들어야 할 것, 생각해야 할 것을 안내해 주는 방법도 생각해야 한다.

읽기란 무엇일까? 읽기라는 행위는 텍스트에서 의미를 찾기 위해 다양한 인지적 능력과 전략이 개입하는 복잡한 과정이다. 결국 텍스트를 읽어 낼 수 있다는 것은 글자와 낱말의 형태를 인지할 수 있는 문자 지식(graphemic knowledge), 소리와 철자를 연결시킬 수 있는 음성 지식(phonemic knowledge), 의미를 만들기 위해 단어들이 구성되고 조직되는 과정을 이해할 수 있는 구문 지식(syntactic knowledge), 단어와 문맥을 해석해서 의미를 파악할 수 있는 의미 지식(semantic knowledge)을 모두 가지고 있다는 것이다. 이러한 네 가지 언어 지식은 문자 지식 → 음성 지식 → 구문 지식 → 의미 지식 순의 위계가 설정되어 있지만, 현실적으로 이 네 가지 지식은 거의 동시에 읽기 행위에 영향을 주고 있다고 할 수 있다. 하지만 앞서 언급했듯이 읽기를 시작하는 어린아이에게 해독 기술(decoding skills)에 해당하는 문자 지식과 음성 지식에 보다 많은 노력과 학습이 이루어져야 한다. 해독 기술이 보다 자동적으로 쉽게 이루어지면 텍스트의 의미를 파악하고 대응하는 시간을 충분히 확보할 수 있기 때문이다.

하지만 글자를 해독하고 텍스트를 이해하는 것만이 읽기 과정의 전부는 아니다. 여기까지는 주어진 텍스트를 수동적으로 받아들이는 전통적인 읽기 과정이라면, 텍스트에 적극적으로 반응하는 것은 새로운 리터러시의 영역에서 다루어져야 한다. 특정한 글자들의 모임을 어떻게 발음하고, 그 뜻은 무엇이고, 그 단어들이 모여 문장을 이루었을 때의 의미는 무엇이며, 어떤 텍스트를 읽었을 때 그 내용이 무엇인지 이해하는 것만으로는 읽기가 즐거운 행위라고 주장할 수도 없고 학습자 스스로 지속적인 읽기를 해 나갈 동기를 제공하기에도 역부족이다. 하지만 텍스트마다 다양한 반응과 접근이 가능하다는 것을 경험한 아이들은 읽기 행위에 자신의 다양한 생각과 반응을 보태려고 노력하는 능동적인 과정을 겪게 된다. 텍

스트가 일방적으로 보내는 신호를 받는 읽기 행위에서 벗어나 텍스트와 상호작용할 수 있다는 능동적이고 적극적인 텍스트 읽기 경험은 외부의 강제적이고 지속적인 지도 없이도 읽기 행위를 스스로 해 나가는 원동력 이 될 수 있다.

일반적으로 읽는다는 행위는 다양한 목적을 위해 의미에 접근하는 과 정이라 할 수 있다. 약을 먹을 때 어떤 효과와 부작용이 있는지 알아보기 위해 지시문을 읽기도 하고, 식료품을 살 때 유해한 물질이 함유되었는지 여부를 알기 위해 제품 정보를 읽기도 한다. 이는 생존과 생활을 목적으 로 하는 읽기 행위에 해당한다. 또한 학문과 배움의 과정에서 지식과 정 보를 얻기 위해 읽기도 한다. 무엇보다 우리는 여가 시간을 이용해 기분 전환과 휴식을 목적으로 읽기도 하고, 책과 교감하며 책이 주는 즐거움을 만끽하고자 읽기도 한다. 어떤 목적이 가장 중요하다고 말할 수는 없지만 아동 학습자에게 즐거운 독서의 경험은 읽기를 지속할 수 있는 원동력이 자 읽기 기술 개발의 첫걸음이라 할 수 있다.

하지만 아동 학습자에게 읽는 것이 왜 즐거운 일인지 설명하는 것은 물론, 영어로 된 글자와 문장을, 책을 왜 읽어야 하는지 설명하고 수긍시 키기는 쉽지 않은 일이다. 이러한 차원에서 연극 수업은 다양한 읽기 상황 혹은 문맥을 만들기 때문에 읽기를 왜 해야 하는지 실제로 경험할 수 있는 공간이 된다. 텍스트를 꼼꼼히 분석하는 언어 수업이 아니라 이야기가 제공하는 풍요한 리터러시 환경에서 자연스럽게 텍스트와 상호작용하면서 자신의 생각과 의견을 표현하는 과정이 우선시되기 때문에 본질적인 읽기 경험을 할 수 있는 기회가 된다.

영어 읽기 수업이 시작되는 나이 역시 이러한 텍스트 반응 읽기 수업을 해야 하는 또 다른 이유가 될 수 있다. 읽기 행위가 즐겁고 재미있다는 경험을 한 아동 학습자는 성장 과정뿐만 아니라 인생 전반에 걸쳐 스스로 자기 주도적 읽기를 계속해 나갈 수 있다. 따라서 이러한 즐거운 경험의 기회가 영어를 시작하는 단계에서도 꼭 고려되어야 한다. 우리나라 초등 영어 수업에서 읽기는 3학년부터 알파벳부터 시작해서 단어와 간단한 문장을 읽는 것까지를 초등 영어 읽기 성취 영역으로 규정하고 있다. 하지만 아동의 인지 발달과 모국어 발달 수준을 고려해 볼 때 상향식 읽기 기술 접근법만으로는 읽기에 대한 즐거움을 경험하게 할 수 없다. 비록 상향식으로 차곡차곡 배우는 문자, 그리고 음성 지식은 읽기라는 성을 쌓기 위한 필수적인 빌딩 블록(building blocks)이 되지만, 문맥이 없이 고립된 읽기 기술 지도만으로는 이미 인지적, 언어적(모국어), 감정적 발달이 어느 정도 이루어진 아동 학습자의 지적 호기심을 만족시키지 못하기 때문에 쉽게 읽기에 대한 흥미를 잃게 되고 지도 역시 힘들어진다. 따라서 이러한 문제를 해결하기 위해 읽기 수업에 텍스트 반응 공간을 설정함으로써 초등학생의 상상력과 인지적 능력으로 언어적 부족을 상쇄하면서 읽기의 즐거움을 충분히 경험할 수 있게 해야 한다.

좋은 내용의 텍스트, 즐길 수 있는 텍스트, 그리고 아동 학습자에 의해 다양하게 요리될 수 있는 텍스트가 제공하는 풍요로운 리터러시 환경이야말로 아동 학습자가 텍스트와 상호작용하기 적합한 토양을 만들어 준다. 여기에 연극 수업은 텍스트에 대한 창의적인 생각과 의견을 표현하면서 다양한 반응을 이끌어 내면서 이러한 환경을 구축하는 데 중요한 역할을 한다. 다시 말해 연극 수업을 통해 학습자는 수동적 글 읽기가 아닌 다양한 목적을 가지고 적극적 읽기를 해야 할 이유를 갖게 되고, 개인적 차원의 읽기가 아닌 자신이 텍스트를 읽고 생각하고 느낀 것을 내가 아닌 다른 사람에게 표현하고, 공유하고, 객관화하는 의미 있는 과정을 통해 즐겁고 의미 있는 경험을 쌓게 된다.

연극 수업이 텍스트에 대한 다양한 반응을 유도할 수 있다는 것은 텍스트에 대한 경험을 몸으로, 표정으로, 소리로, 움직임으로 나타낼 수도 있고, 텍스트의 내용을 바탕으로 극적 상황을 만들어 생각하고 말하고 토론하고 문제점을 찾아 해결하는 일련의 과정이 이루어지는 학습 공간을 형성한다는 뜻이다. 연극의 다양한 활동을 읽기 과정에 접목시키는 것으로 텍스트에 대한 반응 공간을 넓힐 수 있고, 학습자는 그 공간에서 글자가 주는 즐거움과 글자를 이해하고 사용하고 실험하려는 충동을 경험하게 된다. 텍스트 반응을 넓히는 과정은 결국 읽기와 연극이 상호작용하는 과정과 일치하며 학습자는 '읽기 수업 속 연극 수업' 혹은 '연극 수업 속 읽기 수업'을 경험하게 된다. 다음에서는 존 버닝햄(John Burningham)의 〈Hey, Off Our Train〉을 이용한 텍스트 반응 수업 절차의 한 예를 제시한다. 텍스트 반응 연극 수업의 다양한 접근 방법은 이 책 6장과 7장, 그리고 8장에서 확인할 수 있다.

"Please let me come with you on your train. If I stay in the sea, I won't have enough to eat, because people are making the water very dirty and they are catching too much fish, and soon there will be none of us left."

〈Hey, Off Our Train!〉

어느 날 밤 Ben은 평소처럼 강아지 인형을 꼭 끌어안고 잠이 듭니다. 잠시 후 Ben은 기차를 타고 상상의 여행을 떠나게 됩니다. 여행 중에 코끼리, 물개, 호랑이가 기차에 태워 달라고 합니다.

Ben과 강아지는 처음에는 동물들을 기차에 태우기를 꺼려, "Hey, Get off our train!"을 외치지만, 멸종 위기에 처한 각각의 동물들의 사연을 듣고 자신의 기차에 태우게 됩니다.

작가 존 버닝햄은 환경 보호라는 강하고 무거운 주제를 가볍고 재미있는 이야기 화법으로 아이들에게 전하고 있습니다. 48페이지로 구성된 이 책은 환경 보호의 중요성과 멸종 위기에 처한 동물들에 대한 문제점을 자연스럽게 생각해 볼 수 있는 기회를 제공합니다.

모둠별로 위기에 처한 동물을 조사해 보고, 각각의 동물들이 어떤 연유로 위기에 처하게 되었는지, 왜 기차에 탈 수 밖에 없는지, 궁극적인 해결 방법은 무엇인지 토론해 보고 나서 연극 활동을 계획해 볼 수 있습니다.

〈텍스트 반응 연극 수업 절차〉

　1. **(듣기와 읽기 활동)** 교사는 빅북(Big book) 혹은 슬라이드를 활용해 책을 읽어 준다. 각 동물들이 기차를 태워 달라고 요구할 때, "Hey Get off our train"을 학생들이 합창하듯 읽도록 지도한다. 반복해서 읽는 활동을 하다가 어느 정도 아이들이 읽기에 익숙해지면 역할을 나누어서 코끼리, 물개, 호랑이가 자신이 기차에 타야 하는 이유에 대한 부분을 모둠별로 읽도록 한다.

　2. **(쓰기 활동)** 모둠별로 위기에 처한 동물들을 조사하고 기차 한 칸에 조사 내용을 정리하는 시간을 갖는다.(예시 그림 참조)

모둠별로 완성된 기차를 연결시켜 교실 한쪽 벽에 제시한다.

3. **(말하기와 쓰기 활동)** 각 동물들이 왜 위기에 처하게 되었는지, 왜 기차에 탈 수 밖에 없는지, 그리고 궁극적인 해결 방법은 무엇인지를 토론해볼 시간을 준다. 토론의 결과를 한글 대본으로 만들어 연극을 해 본다.

4. **(읽기 활동)** 아이들의 생각을 바탕으로 쉬운 영어로 교사가 영어 대본을 작성한다. 대본을 문장 단위로 잘라서 섞은 뒤, 모둠별로 나누어 주고 순서를 맞춰 보도록 한다.

5. **(읽기와 듣기 활동)** 순서에 따라 대본 읽기를 진행한다. 미리 확인된 순서가 아니기 때문에 모둠별로 잘 듣고 잘못된 곳을 바로잡도록 하면 효과적인 듣기 활동을 병행할 수 있다.

6. **(읽기와 말하기 활동)** 대본 읽기를 진행하면서 각 동물의 특징과 상황을 잘 살려 읽을 수 있도록 지도한다.

4장 영어 연극과 쓰기 수업

1. 쓰기 지도의 현재, 그리고 미래

영어 연극 수업에서 쓰기 지도가 어떻게 이루어질 수 있으며 어떤 효과가 있을지를 살펴보기 전에 초등 영어 쓰기 지도의 현주소를 먼저 살펴볼 필요가 있다. 현재 초등영어 쓰기 지도는 영어를 배우기 시작하는 3학년부터 말하기, 듣기, 읽기 지도와 함께 시작된다. 음성 언어를 먼저 습득하고 문자 언어가 순차적으로 습득되는 언어 습득의 일반적인 순서를 고려한다면, 음성 언어 지도를 먼저 시작하고 어느 정도 시간을 두고 문자 언어 지도를 시작하는 것이 맞지만, 초등 중학년인 3~4학년에 영어를 시작하는 현실에서는 언어의 4기능 통합 지도가 시간차 지도보다 언어의 균형적 발달 면에서 보다 효과적이라는 판단 아래 각 기능 간의 성취 기준의 난이도를 조정하는 것으로 지도의 어려움을 보완하고 있다.

쓰기란 연필을 잡고 직선과 곡선을 이용해 글자의 형태를 써 나갈 수 있는 기술을 포함해서 의미를 담은 단어, 어구, 문장으로 이루어진 텍스

초등 영어 쓰기 지도의 현재

3~4학년 쓰기 성취 기준은 알파벳 인쇄체 대문자 소문자를 쓰고 구두로 익힌 낱말과 어구를 따라 쓰거나 보고 쓰는 것으로, 쓰기 지도 3단계 중 1단계인 통제 작문(controlled writing) 위주의 지도가 이루어진다. 5~6학년 쓰기 성취 기준은 문장에서 대문자 소문자를 바르게 쓰고, 구두점과 같은 쓰기 기술에 관한 정확한 접근을 강조한다. 쉬운 낱말을 듣고 받아쓰거나 주어진 낱말이나 어구를 넣어 문장을 완성하는 빈칸 채우기 활동, 예시문을 참조해서 간단한 초대, 감사, 축하 등의 짧은 글을 쓰는 유도 작문(guided writing) 위주의 지도가 이루어진다. 마지막 단계에서는 자유 작문(free writing)으로 자신이나 가족에 관한 글처럼 제한된 주제의 짧은 글을 적어 보는 것을 목표로 두고 있다. 이처럼 쓰기 지도는 대부분 통제 혹은 유도 작문 지도로 정확성 중심의 쓰기 활동이 대부분이라는 것이 초등 쓰기 지도의 현주소이다.

트를 작성하는 것을 포괄하는 개념으로 정의하는 것이 일반적이다. 그러나 쓰기란 결국 자신이 표현하고 싶은 생각을 모아 글자를 매개로 글을 읽는 독자가 이해할 수 있게 써 내려가는 과정으로, 나를 표현하는 또 다른 중요한 수단이다. 음식을 만들기 위해 재료를 정하고, 구입하고, 세척하고, 다듬고, 요리하는 단계를 거쳐야 하는 것처럼 글쓰기 또한 일정한 과정을 거친 결과물이다. 영어 쓰기 수업을 갓 시작한 초등학교 3학년 학생들이 이미 쓰기에 대한 이러한 일반적인 생각을 지니고 있다는 사실은 쓰기 지도 출발점을 정하는 데 중요한 시사점이 된다. 초등 영어 쓰기 지도가 비록 통제 작문과 유도 작문을 중심에 두고 있지만, 아이들의 인지 발달 수준을 고려해 볼 때 그리고 진정성 있는 글쓰기 지도를 위해 다음과 같은 사항을 염두에 둘 필요가 있다.

일단 철자와 소리의 관계를 배웠고 지속적인 읽기 지도가 이루어진다는 전제 하에 쓰기 지도는 자신이 표현하고 싶은 것을 마음껏 종이에 적어내는 활동에 중점을 둘 필요가 있다. 아이들은 자신의 생각을 종이 위에 표현하면서 자기가 지닌 언어 지식을 적극적으로 시험하고 실험하기를 즐긴다. 반복적 연습과 모방의 결과물로서의 쓰기가 아니라, 영어를 모국어로 하는 아이들의 쓰기 발달 단계와 유사한 발달 단계를 거치면서 문자와 음성학적 지식을 바탕으로 글자를 조합하여 단어를 만들고 문장을 구성하는 능력을 키울 수 있다. 비록 발달 속도와 결과적 쓰기의 양에서는 큰 차이를 보일 수밖에 없지만, 쓰기가 자신의 생각을 상대방에게 효과적으로 전달하기 위한 방법이란 생각을 전제로 쓰기 활동을 해 나간다는 것은 쓰기에 대한 동기 부여 차원에서 지속적인 쓰기 학습을 해 나갈 힘을 기를 수 있다고 본다.

글쓰기는 자기표현 공간을 만드는 과정이다. 철자법, 구두법, 문법 등 쓰기를 위한 기본 요소들을 체계적으로 열심히 가르쳐야 한다는 사실을 부인하는 것이 아니다. 맥락이 없는 기계적이고 반복적인 쓰기 교육이 아니라, 쓰고 표현할 거리가 풍부한 의미 있는 문맥을 만들어 제한된 언어 지식으로도 학습자가 즐기면서 자기표현을 적극으로 할 수 있는 열린 공간을 마련해 주어야 한다.

모국어처럼 영어도 발달 단계를 전제로 하는 쓰기가 이루어져야 한다. 초등학교 3~4학년은 모국어인 한글로도 읽기-쓰기가 완전히 발달했다고 볼 수 없는 시기이다. 이러한 상황에서 영어로 리터러시 교육을 시작한다는 것은 많은 노력 및 관심과 더불어 적절한 전략과 교수법이 필요하다. 처음 배우기 시작했기 때문에 기초부터 하나씩 정확하게 알려 주는 명시적

초등학생의 쓰기 발달 단계

단계	L1 쓰기 특징	L1 쓰기의 예
1	그림과는 다른 신호를 보내는 시기로, 어른의 눈으로는 낙서와 같다.	
2	소리와 철자의 관계를 인지하기 시작하는 단계로, 알파벳 소리와 철자를 연결시키는 형태의 쓰기가 이루어진다.	
3	단어를 형성하고 어구와 간단한 문장을 만들기 시작하는 단계로서, 영어 철자법을 따르지 않고 전적으로 소리에 근거한 쓰기가 이루어진다. 하지만 소리가 나지 않더라도 자주 눈으로 접했던 단어에 대한 철자 형태도 나타나기 시작한다.(예: light, might, night의 "-gh")	
4	철자의 시각적 지식과 의미 지식을 모두 사용하는 단계로서 단어 스펠링에 대한 기억력도 좋아지고 과거형 -ed, 복수 -(e)s, 부사 접미사 -ly, 또는 이중 자음 (little/ pepper), 단어 끝에 나오는 묵음 -e과 같은 문법적 의미 지식을 반영한 쓰기가 나타나는 시기이다.	
5	영어 철자법 단계가 완성되는 단계로, 비록 실수가 발견되지만 반복적이라기보다는 우발적으로 나타나는 것으로 자기 수정이 가능한 단계이다.	

교육도 중요하지만, 영어로 쓰기를 '처음' 배우는 시기가 인지 발달이 어느 정도 이루어진 9~10세 전후이기 때문에 '처음'만을 강조할 수는 없다.

일반적으로 영어를 모국어로 하는 학습자의 쓰기 발달 단계를 옆의 표와 같이 구분한다. 영어를 외국어로 배우는 아이들 역시 단계를 건너뛰기도 하고 어떤 단계에서는 지체하기도 하고, 모국어의 영향으로 이례적인 발달 단계를 보이기도 하지만 대부분은 쓰기의 완성이라는 마지막 목적지를 향해 단계적 발전 양상을 보인다.[5]

영어 쓰기 교육이 시작되는 3학년은 이미 글자가 의미를 전달한다는 것을 인지하고 있는 시기이다. 반복적인 연습과 암기로만 쓰기 지도를 한다면, 그리고 쓰기의 결과가 바르게 썼나 혹은 잘 따라 썼나로 평가되는 수업만을 계획한다면, 아이들은 왜 쓰기를 계속해야 하는지, 쓰기라는 긴 여행에서 길을 잃거나 포기하게 될 것이다. 모국어이든 외국어이든 쓰기는 분명 자신의 생각을 말이 아닌 글로 누군가에게 전하려는 과정이다. 이 과정을 성공적으로 수행하기 위해서는 제한된 표현 방법과 언어 지식으로도 적극적이고 능동적이고 창의적으로 쓰기를 지속적으로 해 나갈 수 있게 해야 한다.

아래 표는 외국어로 영어를 배운 한국 초등학생들의 쓰기 샘플이다. 세 학생 모두 학교 교육으로 영어를 처음 접한 학생들은 아니고, 공교육이 시작된 시점에도 사교육의 도움을 받은 경우지만 이들의 쓰기에서 주목할 점은 통제 쓰기나 유도 쓰기가 아닌 자유 쓰기를 하고 있다는 점이고, 이들의 쓰기에서 나타나는 특징은 L1의 발달 단계와 유사하다는 것이

5) "Suggestions for EFL Young Learners' Early Writing Skill Development through Error Analysis"(한국초등교육, 26권 2호 참조)

	L2 쓰기의 특징
A	 6살부터 영어유치원을 다닌 8살 한국 남자 아이의 쓰기 샘플이다. 그림에 자기가 전하고 싶은 문장을 썼다. 'wish'에서 s는 좌우가 바뀌는 mirror writing이 나타나고, everybody, was, happy 등에 소리에 근거한 쓰기가 나타난다. L1 발달 과정에 따르면 2단계에 해당.
B	 영어를 7살 때부터 배운 9살 한국 남자 아이의 쓰기 샘플이다. Eric Carle의 "Brown Bear, Brown Bear What do you see?"라는 책을 반복적인 읽기와 듣기를 한 후, 아이들에게 릴레이식 글쓰기와 그림을 그리게 해서 새로운 책을 만드는 수업에서 이 아이는 책을 그대로 베껴 쓰지 않고 자신의 철자-소리 관계에 대한 지식에 근거해 쓰기를 했다. L1의 발달 과정에 따르면 3단계에 해당한다.
C	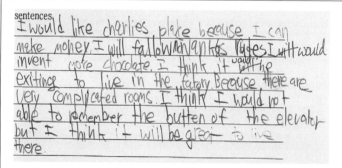 6살 때부터 영어를 배운 12살 한국 남자 아이의 쓰기 샘플이다. Roald Dahl의 <Charlie and Chocolate Factory>를 읽은 후 느낀 점을 쓴 것이다. 영어 철자 형성에 대한 지식이 있고 자주 쓰이거나 책에서 자주 접한 단어는 정확하게 썼지만 여전히 발음에 의존해서 잘못 쓰는 철자가 나타난다. (예: follow→fallow/ words→wudes/ factory→fatory/ complicated→complcated/ button→butten). L1의 발달 과정에 따르면 4단계에서 5단계로 넘어가는 수준으로 판단할 수 있다.

다. 결국 자신이 지닌 언어 지식을 실험해서 자신의 생각을 남에게 표현하도록 유도하는 글쓰기가 비록 정확성은 낮지만 쓰기 본연의 기능을 따르고 있다고 볼 수 있다.

실수는 언어 발달 과정에서 반드시 나타나는 필수 과정으로 이러한 단계를 거쳐 올바른 언어 사용 단계에 성공적으로 도달할 수 있다. 한국어를 습득하는 아이들의 경우를 보면 철자와 소리, 뜻의 관계를 인지하는 단계에서는 자신이 전하고 싶은 메시지를 끊임없이 종이에 적어 낸다. 소리를 바탕으로 쓰는 발달 단계를 상당 시간 유지하지만 다른 언어 기능의 발달과 함께 자연스럽게 다음 단계로의 진행이 이루어진다. 따라서 종이 위에 잘못 쓴 글자는 그 당시 아이의 언어 지식의 정도를 나타내는 중요한 증거이자, 수동적으로 기계적으로 외우고 따라 쓰는 것이 아니라 적극적으로 자신의 언어 지식을 실험하고 있다는 반증으로 해석된다.

결국 외국어로서의 영어 쓰기 지도 역시 성취 기준을 낮추고 제한된 접근을 하는 것보다는 쓰기가 적극적으로 일어날 수 있는 문맥을 만들어 주고 자기 생각을 표현하는 수단으로써의 글쓰기가 되도록 수업을 설계할 필요가 있다. 말하기, 듣기, 읽기라는 언어 기능의 지속적인 교육은 이러한 쓰기 지도를 가능하게 하기 때문에 언어의 4기능을 통합 지도할 수 있는 틀이 필요한 것이다.

2. 쓰기 지도를 위한 연극 수업

영어 교육을 시작하는 초등학교 3학년 학생들은 영어에 대해 전혀 지식이 없는 갓난아이와 같은 상태인가? 이 질문의 답은 단연코 "No"이다. 어려서부터 영어 교육을 시작한 경우도 있고, 교육의 틀은 아니더라도 인터넷, TV방송, 모바일 등 다양한 매체를 통해 예전에 비해 영어에 무의식적으로 노출될 기회가 상대적으로 많고 앞으로는 더 많아질 것으로 예상된다. 물론 이러한 언어 노출량이 영어를 직접 사용하도록 만들 정도는 아니지만, 그들이 지닌 다양한 언어 경험을 토대로 새로운 지식과 적극적으로 연계를 시키는 과정이 영어 교육에서 보다 중점적으로 다루어져야 한다. 정확하거나 유창하지는 않지만 그들이 지닌 파편적인 언어 지식을 십분 이용해서 이미 알고 있는 것을 확인하고 점검하고 실험해 보면서 새로운 지식을 받아들일 준비를 시킬 수 있는 공간이 초등 영어 교육에 꼭 필요하다.

연극 수업은 쓰고 표현할 거리가 풍부한 의미 있는 문맥을 제공하기 때문에 제한된 언어 지식으로도 학습자가 즐기면서 자기표현을 적극적으로 할 수 있는 열린 공간을 마련해 준다. 또한 연극 수업은 귀로 들은 것, 눈으로 본 것, 몸으로 경험한 것에 대한 자기 생각과 느낌을 타인과 공유하는 시간이기 때문에 기술적이고 기계적인 쓰기 활동이 아니라, 실제 사회적 맥락 속에서 이해와 의사소통의 수단으로 쓰기를 경험할 수 있다. 결과적인 측면의 쓰기 활동이 아니라 자신의 생각을 표현하고 완성하는 과정적인 쓰기에 의미를 두기 때문에 자신이 느끼고, 생각하고, 상상한 것을 문자로 나타내고 싶은 욕구를 불러일으킬 수 있는 수업 설계가 필요하다.

〈Hey Get off Our Train〉과 같은 이야기책을 활용한 연극 수업에서는 언어 능력에 따라 기차에 태운 동물의 명칭을 쓰는 활동부터, 자기만의 기차를 그리고 책 제목을 써 보는 책표지 만들기 활동도 할 수 있고, 언어와 인지 능력에 따라 각 동물의 위기 상황을 사실에 근거해 조사해서 적거나, 각 동물이 왜 기차에 타야 하는지 이유를 적어 보는 쓰기 활동으로 확장할 수 있다.[6] 〈Bleezer's Ice Cream〉과 같은 동시를 이용한 연극 수업에서는 자신이 상상한 아이스크림의 이름을 써 보거나, 아이스크림 레시피를 작성해 아이스크림을 만드는 데 필요한 재료와 과정을 적어 본다든가, 아이스크림 형태 시를 써 보는 활동을 연극 수업 과정에서 자연스럽게 시도해 볼 수 있다.[7]

일반적으로 쓰기를 개인이 혼자서 종이 위에 무언가를 적어 내는 작업으로 정의하는 경우가 많기에, 상대적으로 정적이고 개인적 영역의 활동으로 분류할 수도 있다. 하지만 이러한 쓰기는 언어를 배우기 시작하는 학습자 입장에서는 따라 쓰거나 보고 쓰는 반복과 연습의 시간으로 한정될 수밖에 없다. 말하기처럼 쓰기 역시 자신이 생각한 바를 말이 아닌 글로 나타내는 의사소통의 한 방법이라고 생각한다면 쓰기는 더 이상 개인적 영역이 아닌 사회적 영역의 소통의 수단으로, 글을 쓰는 사람과 읽는 사람과의 끊임없는 상호작용의 과정으로 받아들일 수 있다.

영어를 배우기 시작하는 초등 단계에서 목표어로 자신이 나타내고자 하는 바를 적어내는 것은 쉬운 일이 아니다. 그렇다고 점선을 따라 쓰거나 베껴 쓰는 작업을 쓰기의 전부인 것처럼 접근하는 것 역시 바람직하지 않다. 자전거를 처음 타는 아이가 넘어질까 봐 걱정이 되어 계속 핸들을 잡아 주거나 균형을 잡아 주고 쉬운 길로 끌고 다니기만 한다면, 그 아이는

---

6) 이 책 7장 동화를 활용한 영어 연극 수업 참조.
7) 이 책 6장 동시를 활용한 영어 연극 수업 참조.

자전거를 타는 즐거움도 느끼지 못한 채 자전거
타는 것을 포기할 수도 있다. 쓰기 역시 배움
의 초기부터 즐거움을 느낄 수 있게, 그래서 계속
쓰기를 해 나갈 수 있는 힘을 기르도록 지도하는
것이 무엇보다 중요하다.

　영어가 모국어인 경우와는 달리, 외국어로
접하는 초등 학습자의 경우 같은 나이지만
영어에 대한 노출의 정도와 노출의 방법에서
크게 차이 나는 경우가 많다. 이러한 영어 실력의 차이는 영어 수업을 운
영하는 교사에게 부담이자 새로운 도전 과제가 아닐 수 없다. 연극 수업
을 통한 쓰기 활동은 모든 학생이 같은 옷본대로 똑같은 옷을 제작하는
쓰기 활동이 아니라 자신들의 극적 경험을 바탕으로 창의적인 생각을 표
현하는 과정의 산물이기 때문에, 언어 능력에 따라 단어 하나로부터 어구
혹은 문장 등으로 표현하는 데 제한을 두지 않는다. 또한 모둠 활동을 전
제로 연극 수업이 진행되기 때문에 동료의 도움을 적극적으로 수용할 수
있는 공동체 학습의 분위기가 쉽고 자연스럽게 형성된다는 점도 교사 지
도의 어려움을 덜 수 있는 부분이다.

　무대 공연을 위한 연극 수업만으로도 말하기와 듣기, 읽기 쓰기 지도
에 효과적인 접근을 할 수 있다. 기본적으로 대본을 써서 읽어야 하고, 대
본에 따라 말해야 하며, 상대방의 대사를 듣고 자신의 대사를 적절하게
말해야 하기 때문에 말하기, 듣기, 읽기, 쓰기를 하나의 공간에서 지도할
수 있다는 장점이 있다. 하지만 연극 수업을 무대라는 틀에 고정하지 않
고 무언가를 경험하는 과정이라는 확장된 정의에 따라 수업을 진행할 경

우 언어 영역별 유기적 통합 지도가 가능해진다고 볼 수 있다. 다시 말해서 각각의 언어 영역별 활동은 연극 수업 과정에서 다른 활동을 위한 전제가 되기 때문에 학습자가 다음 활동을 위해 각각의 활동에 집중하게 되고, 이러한 집중은 결과적으로 의미 있는 학습의 결과를 이끌어 낸다. 특히 말하기와 쓰기라는 표현 활동을 위해서는 의미 있는 읽기 활동이 전제가 되어야 하기 때문에 학습자들은 자신을 나타내는 표현 활동을 위한 전제 활동에 집중하게 되고, 결과적으로 읽기 활동에 강한 동기를 유발하게 된다. 이러한 읽기 활동의 결과, 다시 말하기와 쓰기의 재료가 되는 자연스러운 순환 고리가 형성된다.

■ 쓰기 수업을 위한 영어 연극 수업의 예: 알파벳 연극 수업

외국에 살다 왔다든지 혹은 초등학교 이전부터 영어 학원을 다니고 있다든지, 아이들마다 영어 투입량이 매우 다르다는 점은 영어를 지도하는 현장 교사들에게 큰 부담이 되고 있다. 초등 영어 교육 과정에 맞춰서 체계적으로 영어를 가르치는 것도 중요하지만 이미 아이들이 알고 있는 영어 지식을 활용할 기회를 주는 수업을 계획하는 것 또한 의미 있다. 다양한 통로로 언어 입력이 되고 있는 아이들이 적극적으로 언어를 가지고 실험해 볼 공간을 마련하는 것은 연극 수업이 추구해야 하는 가장 첫 번째 목표라고 해도 과언이 아니다.

1. 교사는 아이들이 알고 있을 만한 어휘를 제시하는 그림을 준비한다.

〈예시 1〉

The (brown) bear

blows up a balloon

on his (blue) bike.

그리고 그림에서 알고 있는 어휘를 말해 보도록 유도한다. 아이들은 그림을 보고 bear, balloon, bike를 말할 것이고, 좀 더 나아가 blue bike, brown bear라고 말하는 아이들도 있을 것이고, 어떤 아이들은 blow라는 곰의 행위 동사를 생각하기도 할 것이다. 아이들은 언어 능력에 따라 문장을 만들기도 할 것이다. 관사나 주어/동사 수의 일치와 같은 문법적 요소는 수업에서 지나치게 강조할 필요는 없다. 교사는 가능한 문장을 길게 만들기 위해 알파벳 'B'로 시작하는 단어를 많이 발화하도록 격려한다.

〈예시 2〉

교사는 그림에서 알고 있는 어휘를 말해 보도록 유도한다. 아이들은 그림을 보고 dog, dinosaur, dance 정도를 말할 것이다. 이를 바탕으로 "The dog dances with a dinosaur"가 만들어지고, 교사는 더 긴 문장을 만

드는 데 필요한 알파벳 'D'로 시작하는 단어를 유도하기 위해 Is this dog clean or dirty? 혹은 Is this dog sad or delighted? 혹은 Does this

dinosaur look dangerous?와 같은 의도된 질문을 할 수도 있다. 의미상 상관없는 형용사를 붙이는 것도 허용해서 문장을 만드는 데 망설임이 없도록 훈련시키는 것에 중점을 둔다.(예: The dark dog dances with a deep dinosaur.)

2. 모둠별로 교사가 제시한 그림을 모둠 구성원들이 몸으로 정지화면을 구성한다. 교사의 약속된 신호(어깨를 건드리거나, 손뼉을 한 번 친다)에 따라 모둠원은 한목소리로 자신들이 몸으로 표현한 문장을 말해 본다.

3. 모둠별로 원하는 알파벳을 고르도록 한다. 자신들이 선택한 알파벳으로 단어를 모아 문장을 구성하도록 지도한다. 누군가가 무엇을 해야 한다는 전제는 연극에서 주인공과 사건을 구성하는 가장 기초적인 부분이기 때문에 자연스럽게 이야기 구성에 관한 생각까지 키울 수 있다. 모둠별로 생각을 모은 다음, 그에 해당하는 그림을 그리고 그림 밑에 문장을 적도록 한다. 예를 들면 'L'를 선택한 모둠이 lamb, lion, laugh(look)를 생각해 냈다면 The lamb laughs(looks) at the lion이란 문장을 만들 것이고, 교사는 "Where does the lamb laugh at the lion?"이란 추가 질문으로 ladder, 혹은 livingroom 등 추가 단어를 이끌어 The lamb laughs at the lion on the ladder (in the livingroom)라는 문장을 완성한다.
아이들은 다른 모둠보다 긴 문장을 만들고 싶어 little, lovely와 같은 형용사를 넣으려는 시도도 해 볼 수 있다. 이 활동은 영어를 좀 못하더라도 한국어로 좋은 아이디어를 보탤 수 있고, 아니면 그림을 잘 그려서 모둠에 도움이 될 수 있다는 점에서 연극 활동이 취할 수 있는 장점을 살릴 수 있는 활동이다.

    4. 그림에 따라 모둠별 정지 화면을 몸으로 표현하도록 하고 나머지 모둠은 추측해서 문장을 말해 보도록 한다. lovely lion을 어떻게 표현할지, little lamb이 문장을 읽을 때는 어떤 목소리로 읽을지, 사나운 사자는 같은 문장을 어떻게 읽을지 질문하면서 연극 상황에서의 목소리 훈련도 추가해 볼 만하다.

2부

영어
연극과
수업
설계

5장 연극 수업에 활용할 전략 및 활동 게임

1. 드라마 전략 (drama strategies)

드라마 전략(drama strategies)[8] 혹은 드라마 기술(drama techniques)은 연극 수업에서 활용할 수 있는 다양한 활동을 말한다. 교사는 드라마 기술을 응용해서 연극 수업을 보다 짜임새 있고 효율적으로 운영할 수 있고, 학습자는 다양한 극적 체험의 기회를 가질 수 있다. 이러한 전략과 기술을 적절하게 활용하면 학습자의 의사소통 능력, 이해력, 창의력 개발에 도움이 될 뿐만 아니라, 자기표현 능력 및 퍼포먼스 기술의 향상까지 기대할 수 있다. 개별 전략들은 그 자체로 하나의 완성된 연극 수업이 될 수 있으며, 계획한 연극 수업의 한 부분으로 구성할 때는 연극 수업의 기획 의도 및 목적을 구체화하는 데 도움이 되도록 사용한다.

---

8) David Farmer가 쓴 책 〈Learning through Drama in the Primary Years〉에서 언급된 용어로, 드라마 수업을 효과적으로 지도하는 데 필요한 전략적 활동들을 총칭하여 드라마 기술(drama techniques)이라고도 한다.

드라마 전략을 어떻게 활용해야 하는가라는 질문에 대한 정답은 없다. 일단 교사가 전략을 사용하는 데 익숙해지면 질수록, 보다 적절한 전략을 활용할 가능성은 커진다. 일단 이야기나 학습 주제를 정한 뒤에 학습 주제의 특별한 부분을 강조할 수 있는 연극 전략을 선택한다. 특히 영어 연극 수업을 위해서 다양한 방법으로 주제와 관련된 언어를 반복적으로 노출시킬 수 있는 방법을 염두에 두어 계획하는 것을 제안한다. 여기에서는 교육 연극에서 일반적으로 많이 활용되는 전략 중에 영어 연극 수업에 적용했을 때 도움이 되는 전략을 위주로 소개하고자 한다.

1) 소리풍경(Soundscape)

학생들은 어떤 장면 혹은 분위기를 몸과 목소리 혹은 간단한 도구나 악기를 활용해서 표현할 수 있다. 이렇게 해서 만든 소리를 휴대폰이나 녹음기로 녹음하여 교실 공연이나 스토리텔링에 배경음악이나 효과음으로 사용할 수도 있다.

<소리풍경 진행의 예>

1. 해변, 도시, 시골, 혹은 정글과 같은 주제를 고른다. 학생들은 모둠을 구성하여 그 장소에서 들릴 수 있는 소리를 생각해 보도록 지도한다.

2. 모둠 학생들 가운데 한 명은 지휘자가 되고 나머지 학생들은 "인간 오케스트라"가 된다. 처음에는 한 사람씩 릴레이식으로 소리풍경에 참여하되, 앞 사람들

날씨를 나타내는 소리풍경
특정 나라를 표현하는 소리풍경
감정을 나타내는 소리풍경
도시 혹은 시골, 우리 동네를 나타내는 소리풍경

소리풍경 연관 활동의 예

이야기책 삽화를 이야기 전개 순으로 모둠별로 소리풍경으로만 나타내기
모둠별로 이야기책 하나씩을 선정, 소리 풍경으로 나타내면 무슨 책인지 맞히기
소리풍경을 하는 모둠을 제외하고 눈을 감고 소리로 장면과 분위기를 추측하기
모둠별 이름을 짓고 모둠을 나타내는 소리를 만들도록 해서 연극 수업 시작마다
표현하는 활동

은 자신의 소리와 동작을 계속해 나간다.

3. 지휘자의 신호에 따라 소리와 동작을 크게 했다가 작게 할 수 있다. 소리뿐 아니라 말도 분위기나 감정을 나타내기 위해 사용될 수 있다.

2) 사물극장(object theater)

연극을 위해 준비한 소품이 아니라, 주변에 흔히 볼 수 있는 물건들을 가지고 즉흥적인 연극을 꾸미는 활동이다. 모둠의 아이들은 자신들이 가져온 물건을 꺼내 모은 후 연극에 필요한 인물, 사건, 배경 등을 자유롭게 구성한 뒤 사물극장을 할 수 있다. 주전자, 빗자루, 연필, 컵, 모자, 목도리, 안경, 지우개, 병뚜껑 등 눈에 띄는 모든 사물이 대상이 될 수 있기 때문에 자연스럽게 연극에 필요한 재료를 해결하게 되고, 이 과정에서 아이들은 배역 설정, 플롯, 갈등, 해결 등 이야기 구조를 자연스럽게 함께 만들어 가게 된다.

4인 모둠의 사물극장 1: 〈Snowman〉

모둠의 1인은 눈사람 역을 맡고, 나머지 3인은 각각 소품(빗자루, 우산, 양동이) 역할을 맡는다.

Snowman	I need a new hat.
Bucket	Snowman, do you need a new hat? How about me?
Snowman	You are a bucket, not a hat. You are used for carrying water.
Bucket	You are right. But if you put me on, you'll look like a strong soldier.
Snowman	Okay. Oh, there is an umbrella. She looks so sad.
	Umbrella, what's the matter with you?
Umbrella	My master uses me only when it rains.
	But in winter, there is little chance to rain. I'm so bored.
Snowman	Oh, I need you. Winter sunray is still strong to me.
	You can protect me from the strong sun.
Umbrella	It's my pleasure. But your arms are too weak to hold me.
Broomstick	How about me?
Snowman	You are a broom. You are used for sweeping dusts.
Broomstick	You are right. But my body is so strong enough for you
	to fly on me.
Snowman	Okay. You can be my right arm, and hold up the umbrella for me.

물건의 특징에 맞는 움직임이나 목소리를 구사하도록 지도한다면 재미있는 소연극 활동이 될 수 있다. 사물극장을 전문적으로 하는 배우는 혼자서도 다양한 사물을 소품으로 활용하며 즉흥극을 할 수 있지만, 영어 연극 수업에서는 여러 명이 꼭두

각시(puppet)를 움직이듯이 사물을 움직이며 사물에 해당하는 역을 맡아 보다 손쉽게 사물극장을 경험할 수 있다.

4인 모둠의 사물극장 2: 〈Buy Me, please!〉

1. 모둠별로 자신들이 좋아하는 채소나 과일을 선정해서 준비한다.
2. 자신들이 선택한 채소나 과일의 특징, 장점 등을 조사해서 대사를 준비한다.
3. 각 모둠은 자신들이 선택한 채소나 과일이 되어서 자신을 사 가도록 다른 모둠을 설득한다.

Rabbit	I am Rainbow Rabbit. I need to buy a healthy food for my lunch.
Cucumber	My name is Cathy cucumber. I'm so cool.
Tomato	My name is Tomy tomato. I'm so tasty.
Carrot	My name is Chris Carrot. I'm so lovely.
Broccoli	My name is Bart broccoli. I'm so brave.
Rabbit	Hello, guys. Can you tell me why you are good for my lunch?
Cucumber	I am great to eat in hot weather.
Tomato	I am a great source of vitamin C.
Carrot	I am easy to slip into a lunch bag.
Broccoli	You need me everyday for good health.
Rabbit	It's too hard to choose. Can you tell me more about you?
Cucumber	I am a way-cool snack. I can make your sandwich much tastier.
Tomato	You can make juice, ketchup and soup of me.
	I can keep the doctor away.
Carrot	It's fun to eat me because of my sweet taste and crunchiness.
	I make your eyes healthy.
Broccoli	I can keep your immune system strong.
	You can call me "super vegetable."
Rabbit	Wow. All of you are so great.
	It's better to make salad with you for my lunch.

3) 전문가 역할 놀이(Mantle of the Expert)

반 전체가 하나의 허구 상황을 꾸미며 그 상황에 맞는 역할을 생성하고 경험을 통해 배우게 되는 과정이다.[9] 학생들에게 특정 분야에 전문적 지식을 지닌 역을 맡게 한다. 전문가 역을 맡은 학생들은 역에 맡는 전문적

– 지구 온난화를 해결하기 위해 모인 전문 연구 팀
– 중국 황사 해결 팀
– 환경 친화적 상품 개발 팀
– 신제품(핸드폰, 자동차, 영화) 광고를 제작하는
  광고 기획 팀
– 이순신을 주인공으로 하는 영화 제작 팀
– 책을 더 읽게 만들 방법을 고민 중인 도서관
  홍보 팀
– 한강에 나타난 괴물 제거 전문가 팀
– 새로운 웹기반 게임을 만들어야 하는 게임 회사

지식을 갖추기 위해 적극적으로 정보를 찾아 의견을 교환하고, 문제를 해결하려 한다. 다양한 교과 분야의 문제를 해결하는 과정을 극으로 쉽게 만들 수 있는 장치이기도 하다. 이 놀이를 통해 학생들은 자신감과 적극성을 바탕으로 수업에 깊게 몰입할 수 있다는 점에서 주목할 만하다. 허구 상황을 효과적으로 구성하는 것 자체가 하나의 연극으로, 극적 상황에서 학생 그 자체가 주체일 뿐만 아니라 배움의 주체가 되는 것을 경험하게 된다. 언어뿐만 아니라 다양한 학습이 성공적으로 이루어질 수 있다. 활동 자체를 목표어로 직접 하기는 어렵지만 연극 활동으로 경험한 뒤에 목표어로 부분 활동을 계획한다면 매우 효과적인 영어 연극 수업이 될 수 있다.

---

9) "Mantle of the Expert creates such a rich fictional context for learning and it uses the richest of all our resources—the children's imagination... It builds on children's natural ability to imagine worlds and to role play and they slip easily in and out of the dramatic situations explored." Jenny Burrell, Teacher, Norwich.(2007)

4) 역할 속 교사(Teacher in role)

"역할 속 교사"[10]라는 극적 장치는 교사가 극 상황에 직접 개입해서 활동 진행에 영향을 주는 역할을 맡는 것을 말한다. 극적 상황의 일부가 되어 토론거리를 제시하기도 하고, 문제 상황을 알리기도 하고, 학생들이 어떤 문제에 대한 빠른 조치를 하도록 자극할 수도 있다. 교사가 직접 극적 상황에 개입했기 때문에 극적 세계를 빨리 만들 수 있는 경제적 장치라 할 수 있다. 횟수에 제한 없이 다양한 인물을 맡으면서 적극적으로 아이들의 의견을 이끌어 내고 극 상황에 참여를 권할 수 있다. 교사는 역할에 따라 목소리를 변조하거나 동작과 표정으로 감정과 상황을 전하면서 자신이 "역할 속 교사"가 되었다는 것을 알릴 수 있지만 그렇다고 완벽한 배우 연기를 필요로 하지는 않는다. 모자나 머플러, 앞치마와 같은 소품을 사용하거나 특정 의자를 준비한 다음, 학생들에게 다음과 같이 말하면서 "역할 속 교사"를 시작할 수 있다.

"When I put on this scarf, I will be _____."

"When I sit on this chair, I will be _____."

"역할 속 교사"는 교사와 학생의 관계를 완벽하게 새롭게 형성하면서 학생들 중심의 수업으로의 전환을 효과적으로 유도한다. "역할 속 교사"는 때로는 지시하는 역할, 때로는 동등한 동료 역할, 때로는 도움과 지도

---

10) "When the teacher is in role as a participant in the drama, there is no reason for the students to show undue respect or deference. This, for most teachers, is a new stance, one which allows for a real exchange to take place easily and spontaneously."(Wagner, 1976)

가 필요해서 학생들을 "전문가 역할"을 맡게 만드는 관계 설정을 통해 수업에서 현실의 교사 위치를 내려놓고 학생들의 생각 공간을 넓히는 역할을 맡게 된다.

"역할 속 교사"는 교사가 어떤 역을 맡았다는 것이 중요한 것이 아니라 학생들이 학습 경험의 주체가 되어 활동에 적극적으로 참여하도록 자극하고 독려하는 역할을 맡았다는 점을 기억할 필요가 있다.

5) 핫시팅(hot seating)

사실인 것처럼 상상하기(make-believe)를 통해 다른 사람의 입장이 되어 보는 역할 놀이(role play)의 일종이다. 역할 놀이 또는 역할극은 영어 수업에서 배운 표현을 말해 볼 수 있는 상황을 설정하고 역을 정해 대사를 해 보는 활동이라고 정의하기 쉽다. 하지만 역할극은 다양한 관점을 경험하기 위해 특정 인물이 되어 보는 약속된 상황이라 할 수 있다. 역할극을 통해 문제를 해결하기도 하고, 갈등을 해소하기도 하고, 상황과 인물에 대한 깊은 이해를 시도할 수 있다. 자신이 아닌 다른 사람이 된 척해 보는 경험 그 자체로 학생은 감정적, 도덕적 문제들에 대해 다양한 관점을 투영시킬 수 있는 심리적, 감정적 사고 공간을 확보하게 된다.

핫시팅은 주로 역사적 인물 혹은 동화 속 가상 인물의 행동에 대한 동기, 숨은 뜻, 의도 등을 생각해 볼 때 사용되는 경우가 많다. 핫시팅의 방법은 역할을 맡은 한 사람이 친구들 앞에 놓인 의자에 앉아 친구들이 던지는 질문에 대한 답을 하도록 하는 것이다. 이 활동을 통해 의자에 앉아 역할을 맡은 친구에게 다양한 질문을 하는 기술도 개발할 수 있다.

핫시팅은 처음에는 쉽고 단순한 질문에서 시작해서 기분, 상태, 감정

등과 같이 보다 추상적이고 복잡한 질문으로 확장될 수 있도록 교사의 적절한 개입이 도움이 될 수 있다. 또한 학생들이 주제와 관련된 질문을 하도록 교사가 틈틈이 질문의 방향을 제시해 주어야 한다. 핫시팅 전략을 처음 접하는 아이들의 당황스러움을 줄이기 위해, 둘씩 짝지어 의자에 앉도록 해도 되고, 한 모둠이 모두 핫시팅의 주인공이 되어 질문에 답하도록 지도해도 된다. 이를 "collective role"이라고 하는데, 이 활동은 여러 명이 한 인물을 재현하는 것으로, 미리 인물에 대한 분석을 하고 의견을 나눌 수 있기 때문에 소심한 성격의 아이라든가 영어 전달 능력이 상대적으로 낮은 학생들이 핫시팅이란 전략을 경험하도록 하는 장치가 된다. 핫시팅을 하고 나면 학생들이 다양한 관점으로 주어진 상황을 해석하기도 하고 재미있는 반응을 이끌어 내기 때문에, 이 활동을 통해 새로운 대본 쓰기도 가능해지고, 주어진 이야기나 대본을 보다 표현력 있게 감정을 살려 읽거나 연극에 몰입할 수 있는 계기가 된다. 핫시팅 활동 전에 '실루엣 그리기 활동'을 하면 인물에 대한 분석을 할 수 있고 핫시팅에 필요한 질문을 미리 생각해 볼 수 있다.

영어 연극 수업에서 핫시팅을 할 경우 질문에 자주 쓸 수 있는 표현들[11]

1. What did you do....?
2. What do you think about..?
3. Isn't it true that.....?
4. Are you happy with.....?
5. What makes you ....?
6. Why did you react......?
7. How did you feel when...?

핫시팅의 실제: Meeting the Big Bad Wolf

S1: What's your name?

Wolf: My name is Alexander T. Wolf.

S2: Are you the Big Bad Wolf of Little Red Riding Hood?

Wolf: No, he is my cousin. He is in jail for disguising himself as Red Riding Hood's Granny.

S3: Is it true that you blew down the Piggies' houses?

Wolf: No, it was an accident. I had a bad cold. I just coughed. I couldn't stop coughing.

S4: Why did you climb up the chimney?

Wolf: Because I was hungry.

---

11) 영어 연극 수업에서 핫시팅을 비롯한 드라마 전략을 영어로 반드시 진행할 필요는 없다. 여기에서 소개하는 드라마 전략은 연극 수업의 궁극적인 목적을 이루기 위한 수단과 같다. 즉 영어 연극 수업의 목적은 학생들이 보다 적극적으로 수업에 참여해서 극적 세계를 만드는 것이고, 그 과정에서 자연스럽게 언어적 노출과 사용의 기회를 갖도록 수업을 구성해야 한다.

6) 실루엣 그리기(role on the wall)

모둠별로 실물 크기의 인물 실루엣을 그릴 수 있을 만큼 큰 종이를 준비한 후, 그림과 같이 간단한 인물 윤곽선을 그리게 한다. 윤곽선이 완성되면 인물을 설명하는 낱말이나 어구를 직접 기록하거나 포스트잇에 써서 붙이도록 지도한다. 외형, 나이, 성별, 직업, 사는 곳과 같이 사실적 정보뿐만 아니라 성격, 좋아하는 것, 싫어하는 것, 친구, 적, 비밀, 꿈 등 주관적 내용도 모두 포함시킬 수 있다. 많은 정보를 보기 좋게 정돈하기 위해서 인물에 대한 사실적 정보는 실루엣 바깥쪽에, 감정 혹은 생각과 같은 정보는 실루엣 안쪽에 적도록 한다. 또는 인물에 대한 주변 사람들의 시각은 실루엣 바깥쪽에, 인물의 개인적 생각은 실루엣 안쪽에, 인물에게 하고 싶은 질문은 실루엣 바깥쪽에, 그에 대한 인물의 답은 실루엣 안쪽에 적도록 한다. 신체 부분을 활용하여 인물의 생각은 머리에, 감정이나 느낌은 가슴 쪽에, 사실적 정보는 두 팔과 두 다리의 공간을 활용해 적도록 한다. 핫시팅 전략과 함께 진행하면 더 효과적이다. 어느 정도 정보가 채워지면 교실 벽면에 연극 수업이 진행되는 동안 전시해서 학생들이 추가 정보를 틈틈이 기록할 수 있게 한다.

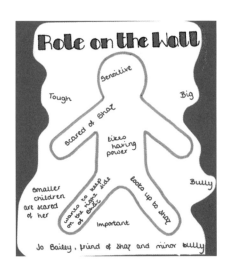

2. 활동 게임

뻔한 게임은 시시하다. 영어 수업에서 활용되는 일반적인 게임은 대부분 수업 후 활동으로 학습 목표인 언어 표현이나 문법 영역을 연습할 의도로, 보통 학습자에게 익숙한 게임을 사용하고 있다. 하지만 이처럼 학습을 의도로 행해지는 게임은 이미 학습자에게 많이 노출되어 있어서, 재미가 반감된 반복적인 활동이기 때문에 학습자의 흥미나 관심을 끌기 역부족이다. 따라서 교사는 목표어로 말할 욕구가 자연스럽게 생기면서 언어 표현도 연습시킬 수 있고 학습자의 참여와 관심을 끌 수 있는 게임을 찾게 된다.

활동 게임12)은 신선하다. 활동 게임은 주로 많은 움직임을 요구하고, 학습자의 상상력을 자극하여 학습자가 게임에 적극적으로 참여하도록 유도하고, 배운 표현을 외워서 그대로 발화하는 것보다는 비록 정확성은 떨어지더라도 학습자가 핵심 학습 문장 이상을 발화할 기회 및 욕구를 만들어 낸다. 크라셴(Krashen)의 언어 습득 가설에 따르면 언어는 학습과 습득이란 두 가지 과정을 통해 완성되지만 학습보다는 습득이 보다 효과적이고 진정성 있는 언어 교육이 된다. 이 점을 고려해 볼 때 일반적인 언어 수업에서 편중될 수 있는 학습 중심 수업에 어느 정도 균형감을 줄 수 있는 활동이란 점에서도 활동 게임의 의의를 찾을 수 있다.

활동 게임은 전천후 수업 활동이다. 기본적으로 활동 게임은 목적에

---

12) 여기서 소개하는 활동 게임은 연극 수업뿐만 아니라 일반 영어 수업에서도 사용할 수 있는 활동으로 연극 수업에 참여하는 학생들이 재미를 느끼면서 연극 수업을 준비할 수 있게 하면서 동시에 연극 수업에 짜임새 있는 틀을 제공해 준다.

따라 수업 전 활동, 수업 활동, 수업 후 활동 세 단계에서 활용 가능하다. 수업 전 활동으로서의 게임은 학습자의 긴장과 학습 부담을 풀어 주면서, 또래 학습자와 친숙해질 기회를 제공하고 수업 전반에 걸쳐 함께 학습할 분위기를 형성해 나가는 데 도움이 된다. 수업의 일부로 진행되는 수업 활동으로서의 게임은 이미 알고 있거나 이전 수업을 통해 배운 언어 표현이나 문장을 직접 경험해 볼 수 있는 기회를 주는 활동이 주를 이룬다. 수업 후 활동으로서의 활동 게임은 힘들었던 수업에 대한 보상 차원의 '놀이' 활동이 되기도 하고, 수업 시간이 남았을 때 하는 일종의 '시간 채우기(filler)' 활동이 되기도 하고, 계획했던 수업이 의도대로 진행되지 못할 때 수업의 분위기를 쇄신하기 위해 대체할 수 있는 활동이 된다.13)

---

13) 여기서 소개하는 활동 게임은 수업의 의도에 따라 수업 전, 중, 후 활동으로 구분했지만 교사의 판단에 따라 수업의 어느 단계에서도 효과적으로 사용할 수 있다.

1) 수업 전 활동 게임

학습자의 긴장을 풀어주면서 본격적인 연극 활용 수업을 위한 준비 단계에 할 수 있는 게임으로, 또래 학습자와 서로 친숙해질 기회를 제공하면서 수업 전반에 걸쳐 함께 학습할 분위기를 형성할 수 있도록 도와준다. 일명 침묵 깨기 활동(ice breakers)라고도 불린다.

◼ 이름 잡기(Catch my Name)

자신의 이름을 알리고 상대방 이름을 알기 위해 하는 재미있는 활동이다. 학급 전체도 가능하고 모둠 활동도 가능하다. 학생들은 둥글게 서서 공을 서로에게 던지면서 자신을 소개한다. 모든 학생이 차례로 "Hi, I'm Yuri(name)"라고 말하고 공을 던지면 된다. 공을 던질 때 상대방의 눈을 잘 보고 상대방을 준비시킬 필요가 있다. 모든 학생이 자신의 이름을 말한 다음에는 다시 상대방에게 공을 던지면서 "Yuri(thrower's name) to Jinsu(receiver's name)" 라고 말하게 한다. 공을 던진 학생은 자리에 앉게 한다. 모든 학생이 앉으면 게임을 끝낸다. 이름 대신에 본인이 좋아하는 과일, 색깔, 나라 이름 등으로 바꿔서 할 수 있다.

드라마 게임의 네 가지 요소
1. 드라마 게임은 움직임(동작)과 의사소통을 동시에 유발한다.
2. 드라마 게임은 상상력을 요한다.
3. 드라마 게임은 참여자의 의견과 생각을 이끌어 낸다.
4. 드라마 게임은 말 또는 말 이외의 다른 표현방식으로 감정 표현을 유도한다.

■ 공 받기 게임(Cup ball)

종이컵과 공을 준비한다. 종이컵과 공을 끈으로 연결한다. 종이컵 안에 공을 넣고 공중으로 공을 던져 올린 후 다시 종이컵으로 받는 행동을 반복한다. 던져 올릴 때마다 영어로 숫자를 셀 수도 있고, 알파벳을 말할 수도 있고, 지난 시간에 배운 단어(감정, 계절, 달, 움직임을 나타내는 말, 동물 이름 등)를 말하게 할 수도 있다. 개별 활동으로는 너무 소란해질 수 있기 때문에 모둠별로 1인이 공 받기 역할을 맡고, 공을 던져 받을 때마다 함께 숫자를 세거나, 알파벳을 말하거나, 색깔을 말하거나, 나라 이름을 말하는 것을 함께 한다.

■ 난 아닌데!(Not me!)

모둠 또는 학급 전체 활동이 가능하다. "It's Yuri's (student's name) turn to sing a song/ clean the room/ open the window/ buy a drink." 등등을 말하며 교사가 게임을 시작한다. 이름이 불린 학생은 "Not me! It's Jinsu's turn"이라고 말을 받고, 'Jinsu'는 또 다른 상대를 호명한다. 상대방의 이름을 외우면서 동시에 소유격을 연습하기 좋다. "Not me"라고 발화할 때 두 팔을 이용하여 크게 X를 만들고, 상대방을 정확히 가리키며 "It's ＿＿' turn"이라고 말하도록 지도한다.

■ 나는 누구일까요?(Who am I?)

게임 시작 전에 교사는 학생들에게 위인, 혹은 유명인을 추천하게 한

다. 위인과 운동선수, 연예인 등이 골고루 섞인
명단을 칠판에 적는다. 맘에 드는 이름을 쪽
지에 적어 짝 등에 붙인다. 이때 서로에게 보
여 주지 않는다는 점을 주지시킨다. 본인의
등에 어떤 이름이 붙어 있는지 모르기 때문에
짝에게 다음과 같은 질문을 던지게 한다. "Am I alive
or dead?" "Male or female?" "Young or old?" "Am I from Korea(Asia,
Europe, or America)?" "Am I a singer(a film star, comedian or sport
player)?" "Am I pretty(fast, strong, or tall)?" 이 질문 목록은 칠판에 적어
놓아 학생들이 수시로 참고할 수 있도록 한다. 적어도 세 가지 질문을 하
도록 해서 처음부터 바로 답이 나올 수 있는 질문을 하지 않도록 한다.

■ 조각상이 되었어요(Statue in the park)

짝 활동으로 할 수 있는 게임으로 한 학생은 '조각가'가 되고 상대방 학
생은 '조각상'이 된다. 조각가인 학생이 직접 손을 움직여 조각상 역할을
맡은 학생의 몸의 위치를 바꿔 놓을 수도 있고, "Raise your right hand."
"Sit down and down your head."와 같은 말로 명령해서 조각상을 만들
수도 있다. 모둠 활동으로 변형 가능한데 모둠끼리 협동으로 한 장면을
만들어 내고 다른 모둠은 어떤 상황인지를 맞게 한다. 일명 '재현' 혹은
'정지 장면'(Tableau)이라고도 하는 연극 활동 게임을 통해 협동심과 몸을
움직이는 방법을 자연스럽게 배우게 된다. 유사한 게임 활동으로 10초 게
임(Ten Second Objects)이 있는데 숫자 10부터 0까지 세는 동안 한 모둠
이 자신들이 생각한 물건, 예를 들어 세탁기, 자동차, 핸드폰, 동물, 등등

을 몸으로 표현한다. 10초에 완성해야 하고 다른 모둠은 답을 맞히면 된다. 연극 활동에 필요한 순발력과 즉흥성, 협동심을 기르게 된다.

■ 10초 게임(Ten second objects)

이 게임은 아이들이 본능적으로 반응하고 협동하며 창의적으로 몸을 사용할 수 있도록 학습을 복습하거나 학습 주제를 소개할 때도 적용할 수 있다. 교사가 제안한 단어 혹은 상황을 모둠별로 동작과 몸을 활용해서 10초 안에 빨리 표현하는 것이 핵심이다. 교사는 단어나 상황을 제시한 후 10부터 0까지 카운트다운하고, 아이들은 즉흥적으로 빠르게 몸으로 반응한다. 교사는 성(castle), 피라미드와 같은 건축물, 공룡, 고양이, 문어와 같은 동물, 알파벳, 숫자, 혹은 연산부호, 시계, 전구, 기차, 피자, 아이스크림 등 일반적인 사물을 제시할 수도 있고, 지난 시간 배운 단어를 제시해서 어휘를 복습시키거나 배울 단어를 소개할 수도 있다.

■ 거울 게임(Mirrors)

두 명씩 마주 보고 선다. A의 행동을 반대편 사람인 B가 거울에 비친 듯이 따라 한다. 이때 상대방은 거울에 비친 상(象)이기 때문에 A가 왼팔을 올리면 B는 오른팔을 올려야 한다. 이러한 움직임을 따라하는 단계를 거쳐 말을 따라 하는 활동으로 확장한다. 처음에는 A가 하는 단어를 따라 하게 하고, 점차 문장을 따라 하게 하되 A의 말 속도, 억양, 강세 등 A의 특징을 잡아 B가 따라 하도록 한 뒤, 역을 바꾼다.

■ 우리가 무엇을 하고 있을까요?(What are we doing?)

동작을 표현할 지원자 2인을 선정하고, 교사는 동작으로 재현할 수 있는 상황 리스트를 지원자 2인에게 제시해서 다양한 동작 표현이 나올 수 있게 도움을 준다. 두 사람이 몸으로 표현한 상황을 학생들은 추측해서 맞히도록 한다. 이러한 전체 활동 후에 3인 1조로 모둠을 구성한다. 두 명이 서로 몸으로 어떤 동작을 재현하는 동안, 나머지 1인은 그들이 무엇을 하는지 생각해서 말하게 한다. 서로 역을 바꿔서 반복적으로 활동을 해 본다.

동작으로 표현할 수 있는 상황 리스트

- 미용사가 까다로운 손님의 머리를 다듬고 있는 상황
- 떼쓰는 아이를 달래는 엄마
- 자신이 좋아하는 텔레비전 프로그램을 서로 먼저 보겠다고 싸우는 형제
- 피아노를 옮기는 건장한 두 남자
- 시장에서 물건 값을 흥정하는 아주머니와 상인
- 소풍 가서 벌 떼에 쫓기는 두 사람
- 시냇물을 건너려는 사람과 도움을 주려고 손을 뻗는 사람

---

2) 수업을 위한 활동 게임

수업 활동의 일부로 하는 활동 게임은 수업의 내용을 바탕으로 구성하게 된다. 주로 문법적 내용이나 구문 활동 등을 학습이 아닌 놀이로 접근하도록 계획하는 데 초점을 둔다.

■ 전치사 게임(The preposition game)

수업 시간에 학습한 전치사의 숫자에 따라 같은 수의 학생을 정해서 몸에 on, under, behind, next to, in front off, between을 붙이도록 한다. 그림

과 낱말 카드를 3인 1조 모둠별로 나누어 주고 문장을 순서대로 배열하게
한다. 문장에 적합한 전치사를 찾아 문장을 먼저 완성한 팀이 성공이다.
이 게임은 주로 문장 패턴 구성을 지도하는 수업에서 활용할 수 있다.

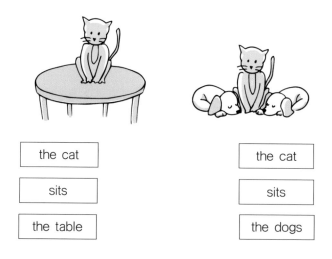

■ 몸으로 말해요

주로 어휘 수업과 연결시킬 수 있는 게임으로, 학습한 어휘를 몸으로
표현하도록 하고 상대방이 맞히도록 한다. 계절, 감정 표현, 과일, 운동
등과 같이 영역을 제시한 후 자신이 생각한 단어를 몸으로 표현하도록 한
다. 변형 가능한 활동은 단어 연상 게임으로, 교사가 단어 하나를 제시하
면 떠오르는 것을 각자 몸으로 표현하도록 하고, 왜 그런 표현을 했는지
이유를 묻는 활동을 할 수도 있다.

■ 택시 게임(Taxi!)

준비물로는 두 명의 학생이 들어갈 만큼 큰 상자가 필요하다. 택시 기
사를 맡은 다섯 명의 학생에게 교사는 아래 지시문 중에 하나를 말해 주

거나, 지시문이 적힌 카드를 준다. 택시 기사를
맡은 학생은 교실 중간중간에서 택시를
기다리는 학생 가운데 조건에 해당하는
학생을 승객으로 데리고 온다. 다섯
명의 기사가 학생들을 데리고 왔을
때 왜 승객으로 데리고 왔는지 각자
이유를 말하도록 한다.

S/he is wearing red.
S/he is waving with the left hand.
S/he is taller than you are.
You know his/her favorite food.
S/he is smiling.
S/he is wearing glasses.

⇩

I picked up this passenger because _____.

■ 뱀 게임(Snake pit)

분필 혹은 색 테이프를 이용해서 교실 바닥에 원을
만든다. 원 안에 학생 한 명이 교대로 들어간다.
학생은 자기 주변 인물에 대해
묘사하는 문장을 3개 이상
말한다. 3인칭 단수에 -s를
붙여 말하지 않았을 경우, 원 밖의

학생들은 조그마한 소리로 뱀 소리를 내고(스스스스~), 교사는 뱀 인형으로 원 안에 있는 학생을 터치한다. 주의할 점은 가능한 한 편안한 분위기를 만들어 뱀에게 물리는 것을 벌칙이 아닌 놀이로 받아들이면서 수업에서 학습한 규칙에 대해 상기하도록 지도하는 것이다. 이 게임은 다른 규칙 과거형 -ed를 붙이는 구문, 혹은 비교급 -er을 붙이는 경우와 같이 문법적 요소를 학습한 후 가벼운 마음으로 확인할 때 유용하다.

3) 수업 후 활동 게임

수업 후 활동으로서의 게임은 수업에서 배운 내용을 짧고 가볍게 정리해 보는 시간에 해 봄 직하다.

▣ 귓속말 릴레이(Ear to ear)

학생들은 원을 만들어 서거나 의자를 일렬로 놓아 앉는다. 수업에서 배운 다소 복잡한 문장 혹은 조금 변형된 문장을 첫 번째 A 학생에게 귓속말로 전달한다. A학생은 옆 사람 B학생에게, B는 C학생에게 계속 귓속말로 전달한다. 마지막 학생은 큰 소리로 전달받은 문장을 말한다. 귓속말 릴레이는 수업을 차분하게 정리하는 시간으로 활용할 수 있다.

▣ 한 사람이 한 단어씩 말해요(One word at a time)

수업에서 집중적으로 배운 문장을 모둠별로 한 사람이 한 단어씩 빠르게 말을 해서 문장을 완성시킨다. 마치 한 사람이 말하는 것과 같은 속도로 읽도록 지도하고 문장부호도 말로 표현하도록 한다.

■ 파도타기(Mexican wave)

수업에서 배운 단어, 표현, 문장 등을 정리하는 시간으로 마치 파도타기 응원을 하듯이 한 사람씩 일어나면서 말하고 앉으면서 반복하도록 한다.

6장 동시를 활용한 영어 연극 수업

  시는 간단하다. 단어 몇 개만으로도 시가 되기도 하고, 반복되는 구절이 많은 것도 영어를 배우기 시작하는 학생들에게는 반가운 점이다. 특히 내용 파악이 상대적으로 쉬워 연극 수업으로 빠르게 진입할 수 있는 경제적 자료가 된다. 그러면서도 시는 언어와 리듬이 정제되어 있는 고급 자료이다. 시를 읽으면 입이 즐거울 뿐만 아니라 귀도 즐겁고, 자연스럽게 영어가 지닌 초분절적(suprasegmental) 요소인 억양, 강세, 리듬에 익숙해질 수 있다. 영어라는 언어가 가진 특징을 자연스럽게 받아들일 수 있다는 점에서 주목할 만하다. 또한 시에는 오감을 나타내는 표현이 풍부하므로 온몸으로 표현이 가능하다는 점에서도 시와 연극의 결합은 자연스럽다. 시는 생략된 내용을 상상력으로 메워 나갈 수 있기에 학습자가 언어의 무게에 눌리지 않고 자신의 생각을 자유롭게 표현할 수 있는 여백을 제공한다. 대체로 읽기는 개인적이며 수동적인 기술이자 활동으로 구분되지만, 시를 활용한 읽기 수업 및 연극 수업은 읽기의 범주를 능동적이면서 협동적인 과정으로 확대할 수 있는 기회를 제공한다.[14]

1. 몸으로 표현하기(Poems with Action)

시의 내용에 맞게 몸을 이용해서 창의적으로 표현해 보는 활동이다. 짝 또는 모둠 활동으로 시의 내용을 파악하고 몸동작을 상의한 후 한 사람(또는 두 사람)이 시를 읽고 그 소리에 맞춰서 다른 사람(2인 가능)이 몸으로 표현하면서 반 친구들에게 보여 줄 수 있다. 전체 활동으로 계획한 다면 교사가 시를 낭송할 때 학생들이 동작을 맡고, 반대로 아이들이 시를 읽을 때 교사가 동작을 맞출 수도 있다. 이 활동에 적합한 시는 몸으로 표현하기 적합한 것으로, 매 행마다 동작을 나타낼 수 있는 동사가 중심이 되는 시를 선정하는 것이 좋다.

〈예 1〉 Ten Fingers

Poem	Action
I have ten fingers	양 손가락 열 개를 쫙 편다.
And they all belong to me,	두 팔을 가슴 앞으로 접는다.
I can make them do things-	손가락 열 개를 빠르게 움직인다.
Would you like to see?	엄지와 검지로 안경을 만들어 눈에 댄다.
I can shut them up tight	주먹을 쥔다.
I can open them wide	손가락을 쫙 편다.
I can put them together	기도하듯이 손바닥을 마주 붙인다.
I can make them all hide	손을 몸 뒤로 감춘다.
I can make them jump high	머리 위로 손을 번쩍 든다.
I can make them jump low	양 손가락이 바닥을 닿게 한다.
I can fold them up quietly	주먹을 살며시 쥔다.
And hold them just so.	무릎 위에 가만히 놓는다.

---

14) 이 장에서 제안하는 모든 활동은 학습자의 언어 수준에 맞추어 제공할 수 있다. 수업의 목표를 영어 동시를 효과적으로 읽어 내는 것에 둘 수도 있고, 활동의 전 과정을 영어로 완성하는 데 둘 수도 있다. 교사의 현명한 판단으로 효과적인 수업 구성이 이루어질 수 있도록 해야 한다.

2. 시를 읽고 이야기로 바꿔 보기

이 활동은 시를 바탕으로 연극 대본을 만들 때 도움이 되는 작업으로,
등장인물과 이야기(narrative) 사건을 만들어 낼 수 있다. 꼭 영어로 할 필
요가 없이 동시의 내용을 이해했다면 한글로 시의 내용을 창의적인 이야
기로 바꿔 보도록 한다.

〈예 2〉 Mary had a little lamb

Mary had a little lamb Little lamb, little lamb Mary had a little lamb Its fleece was white as snow And everywhere that Mary went Mary went, Mary went Everywhere that Mary went The lamb was sure to go. He followed her to school one day School one day, school one day He followed her to school one day Which was against the rule It made the children laugh and play Laugh and play, laugh and play It made the children laugh and play To see a lamb at school.	There was once a girl called Mary and she was given for her birthday a very special present a little lamb. She cared for the lamb and everywhere she went the lamb followed her ⋯ even into school! It was against the rule. When the teacher, Mr. Angry, saw the lamb in the classroom, he shouted and turned the lamb out.

120 | 연극과 영어 교육

3. 두 목소리를 위한 시를 활용한 읽기 연극

　두 목소리를 위한 소극과 같은 읽기 활동은 재미와 극적 경험을 동시에 할 수 있다는 장점이 있다. 때로는 단독 파트로, 때로는 합창 파트로 읽어 가면서 상황에 맞는 소품이나 목소리 설정, 소리의 강세나 속도 조절, 배경 음악 등을 활용해 훌륭한 공연물로 재연할 수 있다. 상대방의 시행을 듣고 자신의 시행을 말하는 형식이기 때문에 듣기 기술 개발에도 도움이 되고, 같은 주제로 두 목소리를 위한 시를 써서 서로 읽어 보는 경험을 할 수 있다.

〈예 3〉 I like (Mary Ann Hoberman, 2001)

I like soda.
　　　I like milk.
I like satin.
　　　I like silk.
I like puppies.
　　　I like kittens.
I like gloves.
　　　And I like mittens.
I like apples.
　　　I like pears.
I like tigers.
　　　I like bears.

I like slide.
　　　I like swing.

　　　We don't agree
　　　On anything!

I like butter.
　　　I like jam.
I like turkey.
　　　I like ham.
I like rivers.
　　　I like lakes.

I like cookies.

        And I like cakes.

I like yellow.

        I like blue.

I like pizza.

        I like stew.

I like summer.

        I like spring.

    We don't agree

    On anything!

There's something else

I like a lot.

But if I like it,

You will not.

        There's something else

        That I like, too.

        But you won't like it

        If I do.

Tell me yours

And I'll tell mine.

        I like reading.

        Reading's fine!

You like reading?

        Yes, I do.

Why, reading is

What I like, too!

    Well, then, at last

    We both agree!

    I'll read to you!

    You'll read to me!

4. 누적식 반복 패턴의 시를 활용한 읽기

누적식 반복 패턴의 시(Cumulative Rhyme)란 시행이 반복되면서 새로운 사건이 단계적으로 보태지는 형식의 시를 말한다. 이야기가 전개됨에 따라 새로운 표현이 덧붙여지는 반면, 기존의 반복되는 부분을 여러 번 읽을 수 있다는 점에서 읽기에 많은 도움이 된다. 특히 반복되는 파트에 따라 나눠 읽기를 한다면 대본 읽기의 효과까지 얻을 수 있다. 마치 양쪽에서 줄을 돌리고 줄 밖에서 기다리고 있다가 한 명씩 돌아가는 줄의 리듬에 맞춰서 걸리지 않고 줄넘기를 계속하는 놀이와도 비슷하다. 자신이 맡은 시행을 흐름에 맞게 놓치지 않고 말하는 것도 중요하고, 자신이 맡은 파트를 보다 인상 깊게 표현하기 위해 간단한 몸동작, 표정, 목소리 조절 등을 함께 할 수 있게 지도한다.

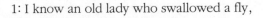

〈예 4-1〉 There was an old lady who
   swallowed a fly(Simms Taback, 1997)

1: I know an old lady who swallowed a fly,

2: I don't know why she swallowed the fly,

All: I guess she'll die.

1: I know an old lady who swallowed a spider,

3: That wriggled and jiggled and tickled inside her.

4: She swallowed the spider to catch the fly,

2: I don't know why she swallowed the fly,

All: I guess she'll die.

1: I know an old lady who swallowed a bird,

All: How absurd to swallow a bird!

5: She swallowed the bird to catch the spider,

3: That wriggled and jiggled and tickled inside her,

4: She swallowed the spider to catch the fly,

2: I don't know why she swallowed the fly,

All: I guess she'll die.

1: I know an old lady who swallowed a cat,

All: Imagine that, to swallow a cat!

6: She swallowed the cat to catch the bird,

5: She swallowed the bird to catch the spider,

3: That wriggled and jiggled and tickled inside her,

4: She swallowed the spider to catch the fly,

2: I don't know why she swallowed the fly,

All: I guess she'll die.

1: I know an old lady who swallowed a dog,

All: My, what a hog, to swallow a dog!

7: She swallowed the dog to catch the cat,

6: She swallowed the cat to catch the bird,

5: She swallowed the bird to catch the spider,

3: That wriggled and jiggled and tickled inside her,

4: She swallowed the spider to catch the fly,

2: I don't know why she swallowed the fly,

All: I guess she'll die.

1: I know an old lady who swallowed a goat,

All: Just opened her throat and swallowed a goat!

8: She swallowed the goat to catch the dog,

7: She swallowed the dog to catch the cat,

6: She swallowed the cat to catch the bird,

5: She swallowed the bird to catch the spider,

3: That wriggled and jiggled and tickled inside her,

4: She swallowed the spider to catch the fly,

2: I don't know why she swallowed the fly,

All: I guess she'll die.

1: I know an old lady who swallowed a cow,

All: I wonder how she swallowed a cow?!

9: She swallowed the cow to catch the goat,

8: She swallowed the goat to catch the dog,

7: She swallowed the dog to catch the cat,

6: She swallowed the cat to catch the bird,

5: She swallowed the bird to catch the spider,

3: That wriggled and jiggled and tickled inside her,

4: She swallowed the spider to catch the fly,

2: I don't know why she swallowed the fly,

All: I guess she'll die.

1: I know an old lady who swallowed a horse,

All: She's dead, of course!!

〈활동 과정〉

① 교사의 스토리텔링으로 수업을 시작하는 것이 좋다. 앞의 그림과 같은 자료를 이용해서 아이들에게 이야기가 어떤 순서로 진행되는지 머릿속에 그릴 수 있게 한다.

② 모둠 읽기를 진행한다. 교사는 모둠에 따라 반복되는 대사를 주고 나머지는 교사가 맡는다. 예를 들어 8모둠 학급이라면 2-9파트를 맡도록 하고, 나머지는 교사가 맡는다.

③ 모둠 읽기가 어느 정도 진행되면, 개별 읽기를 시작한다. 교실을 2 모둠으로 구성하여 보다 잘 읽기 위한 연습을 하도록 격려한다. 각 모둠에서 1명의 지휘자를 선정해 맡은 대사 차례를 알려 주는 것도 효과적이다.

④ 활동이 끝난 후 쓰기 수업을 병행할 수 있다. There was an old lady who swallowed _____.라는 문장에서 어떤 것을 삼켰는지에 따라 다양한 연관 관계가 형성된다. the sea, some books, some snow 와 같은 주제를 선택하도록 해서 모둠 쓰기 활동을 할 수 있다. 그러고 나서 읽기 발표로 수업을 구성할 수 있다.

〈예 4-2〉 The Napping House(Audrey Wood, 1984)

1: There is a house, a napping house,

All: where everyone is sleeping.

1: And in that house,

2: there is a bed, a cozy bed

1: in a napping house,

All: where everyone is sleeping.

2: And on that bed,

3: there is a granny, a snoring

granny

2: on a cozy bed

1: in a napping house,

All: where everyone is sleeping

3: On that granny,

4: there is a child, a dreaming
    child

3: on a snoring granny

2: on a cozy bed

1: in a napping house,

All: where everyone is sleeping.

4: And on that child

5: there is a dog, a dozing dog,

4:on a dreaming child

3: on a snoring granny

2: on a cozy bed

1: in a napping house,

All: where everyone is sleeping.

5: And on that dog,

6: there is a cat, a snoozing cat

5: on a dozing dog,

4: on a dreaming child

3: on a snoring granny

2: on a cozy bed

1: in a napping house,

All: where everyone is sleeping.

6: And on that cat,

7: there is a mouse,

   a slumbering mouse,

6: on a snoozing cat

5: on a dozing dog,

4: on a dreaming child

3: on a snoring granny

2: on a cozy bed

1: in a napping house,

All: where everyone is sleeping.

7: And on that mouse,

8: there is a flea⋯. Can it be? a
   wakeful flea

7: on a slumbering mouse

6: on a snoozing cat

5: on a dozing dog

4: on a dreaming child

3: on a snoring granny

2: on a cozy bed

1: in a napping house,

All: where everyone is sleeping.

8: A wakeful flea

7: who bites the mouse,

6: who scares the cat,

5: who claws the dog,

4: who thumps the child,

3: who bumps the granny,

2: who breaks the bed,

1: in the napping house,

All: where no one now is

sleeping.

<활동 과정>

① 교사의 스토리텔링으로 수업을 시작하는 것이 좋다. 그림과 같이 나무 블록이나 종이 상자에 시에 등장하는 사람과 동물들 사진을 붙여 놓고 아이들에게 스토리텔링을 하면서 하나씩 쌓아 간다. 이런 과정에서 아이들은 이야기가 어떤 순서로 진행되는지 큰 그림을 머릿속에 그릴 수 있다.

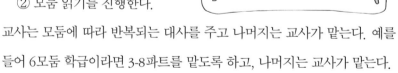

② 모둠 읽기를 진행한다. 교사는 모둠에 따라 반복되는 대사를 주고 나머지는 교사가 맡는다. 예를 들어 6모둠 학급이라면 3-8파트를 맡도록 하고, 나머지는 교사가 맡는다.

③ 모둠 읽기가 어느 정도 진행되면, 개별 읽기를 시작한다. 교실을 2모둠으로 구성하여 보다 잘 읽기 위한 연습을 하도록 격려한다. 각 모둠에서 1명의 지휘자를 선정해 맡은 대사 차례를 알려주는 것도 효과적이다.

④ 8명으로 구성된 모둠 읽기를 한다. 한 모둠이 읽을 때, 다른 모둠은 이야기 블록 쌓기를 한다.

⑤ 활동이 끝난 후 쓰기 수업을 병행할 수 있다.

〈예시〉

there is a (ball) a (bouncing) ball, on a (jumping) (frog), on a (beautiful)(princess) on a (kind)(king) on a (brown) bed in a (cozy) (castle) where everyone is (smiling)

■ 누적식 반복 패턴의 시 활동에 적합한 시 모음[15]

Carle, E.(1993) *Today Is Monday*. New York: The Putnam & Grosset Group.

Clak, E. C.(1998) *I love you, Blue Kangaroo!* New York: Scholastic.

Colandro, L.(2006) *There was an old lady who swallowed a shell!* New York: Scholastic.

Fox, M.(1986) *Shoes from grandpa*. New York: Orchard Book.

Neitzel, S.(1989) *The jacket I wear in the snow*. New York: Scholastic.

---

15) 김혜리(2013), 〈그림책을 활용한 어린이 영어교육〉, 96-97쪽 참조.

5. 〈Mother Goose〉를 활용한 연극 수업

〈Mother Goose〉는 연극 수업에 적용하기 좋은 시 모음집이다. 짧으면서도 시행마다 동사가 있어 몸으로 표현하기 좋을 뿐 아니라 등장인물이 있고 사건을 바탕으로 하기 때문에 스토리를 만들기에도 좋다. 언어가 주는 유희도 풍부하고 라임 및 두음이 많아 기억하기도 좋다. 영어권 문화에서 아이들에게 많이 읽히는 〈Mother Goose〉를 영어 수업 자료로 활용하는 것도 나름대로 의미가 있다. 프랑스의 샤를 페로의 동화집 《거위 아줌마 이야기Contes de ma mère l'Oye》(1697)를 영국의 출판업자 뉴베리가 영어로 옮겨 출판하면서 유명해졌고, 이후 모든 동요가 이 이름으로 불리게 되었다. 자장가, 동시, 유머와 위트가 넘치는 노래 등 내용이 다양하며 부르기 쉽고, 아이들에게 언어와 문화, 문학을 가르치기 좋은 표본이다.

〈예 5-1〉 Hickory, Dickory, Dock

Hickory, Dickory, Dock The mouse ran up the clock, The clock struck one The mouse ran down, Hickory Dickory dock.	1행: 양팔을 가슴까지 올려 좌우로 움직인다. 2행: 손가락 두 개로 뻗은 팔을 따라 올라간다. 3행: 손가락 한 개를 뻗어 한 시를 나타낸다. 4행: 손가락 두 개로 뻗은 팔을 내려오게 한다. 5행: 양팔을 올려 시계처럼 똑딱똑딱 움직인다.

① 시간을 묻고 답하는 수업에서 활용하면 좋다.

② 각 시행에 해당하는 그림을 그리고 그림 밑에 시행을 적어 본다.

③ 밑줄 친 부분에서 한 마리의 쥐는 한 시에, 두 마리는 두 시에, 세 마리는 세 시로 바꿔서 단수와 복수의 개념을 가르친다.

<예시>

> Two mice ran up the clock
> The clock struck Two (ding ding)
> Two mice ran down
> Hickory Dickory dock.

④ 밑줄 친 부분에 해당하는 동물과 시간을 바꾼다.

⑤ 만약 snake로 바꿨다면 좀 더 느리게 읽고, elephant나 bear로 바꿨을 땐 덩치 큰 동물의 동작과 목소리 톤을 생각해서 말하도록 유도한다.

⑥ 짝 활동으로 각 동물이 왜 그 시간에 시계에 올라갔는지(내려갔는지) 이유를 생각해 보도록 한다.

<예시>

S1: Why did you **run up** the clock at 1 O'clock?

S2: Because I wanted to have lunch with Mr. Clock.

S1: Why did you **run down** the clock at 4 O'clock?

S2: Because I had a tennis lesson with my mother.

<〈예 5-2〉 Humpty Dumpty

Humpty Dumpty sat on a wall, Humpty Dumpty had a great fall. All the king's horses and all the king's men, Couldn't put Humpty together again.	1. 한 팔을 가슴 위로 수평으로 올려 벽을 만들고 주먹으로 계란을 표현한다. 2. 두 팔을 엇갈려 돌려서 계란이 떨어지는 모습을 구현한다. 3. 두 팔을 올려 말 타는 모습을 구현한다. 4. 손가락 하나를 펴고 좌우로 흔든다.

① 교사는 시행을 읽고 학생은 동작을 구현한다. 교사는 시행의 순서를 섞어서 말할 수 있다.

② 각 시행에 어울리는 배경 소리를 생각해 보도록 한다.

③ 첫 2~3 시행은 고정하고 이후 일어날 일에 대해 생각해 보고 모둠별 새로운 시를 써 본다. 그리고 새로운 시에 맞춰서 동작도 만들어 본다.

〈예시〉

Humpty Dumpty sat on a wall, Humpty Dumpty had a great fall. Humpy called his lawyer And his lawyer said, No more climbing up the wall again.	Humpty Dumpty sat on a wall, Humpty Dumpty had a great fall. All the king's horses and all the king's men, Had scrambled eggs for breakfast again.

④ Humpty가 벽에서 떨어진 이후, 사건을 생각해서 모둠별 연극을 해 본다.

- Humpty가 벽에서 떨어진 사건을 뉴스 보도 형식으로 꾸며 본다.
- 벽 위에서 떨어진 Humpty를 이어 붙일 수 없자, 마을 사람들은 걱정에 빠졌다. 그래서 Humpty를 치료할 방법을 구하는 광고를 냈다. 광고를 접한 본드 회사 직원은 자신들의 신제품을 이용해 Humpty를 예전 모습으로 만들어 준다.(추가 활동: Humpty를 치료할 사람을 찾는 광고 만들기)
- 벽에 올라가는 것은 법을 어긴 것이기 때문에 Humpty는 법정에서 자신을 변호할 기회를 갖지만 결국 벌금형을 받게 된다.

〈예 5-3〉 Little Jack Horner

Little Jack Horner Sat in a corner, Eating his Christmas pie; He put in his thumb, And pulled out a plum, And said, "What a good boy am I!"	양팔을 엇갈리게 하고, 한쪽 편으로 움직인다. 두 손으로 파이를 먹는 시늉을 한다. 손바닥을 파이로 생각하고 엄지를 찔러 넣는다. 엄지를 빼내는 동작을 취한다. 양 엄지로 자신을 가리킨다.

① 교사는 시행을 읽고 학생은 동작을 구현한다. 교사는 시행의 순서를 섞어서 말할 수 있다.

② 각 시행에 해당하는 그림을 그리고, 그림 밑에 시행을 적어 본다.

③ 모둠별로 빈칸에 새로운 단어를 넣어 스토리 만들기를 한다. 동작도 생각해 본다.

〈예시〉

Little _____ _____ Sat in _____, Eating his(her) _____; (S)He put in his(her) _____, And pulled out _____, And said, "What a ____ ____ am I!"	Little <u>White Snowman</u> Sat in the <u>sunshine,</u> Eating her <u>ice-cream,</u> She put in her <u>nose</u> and pulled out the <u>rose,</u> And said, "what a <u>sweet girl</u> am I!"

④ 크리스마스 파이를 만드는 요리쇼 이야기를 만들어 보도록 모둠 지도를 한다.

〈예시〉

TV Cooking Show	
Characters: Show host, Jack Horner, and audience	
Host	Christmas is just around the corner. Today, we will make a Christmas Pie. Mr. Jack Horner, a Pie expert, is going to show how to make the most delicious pie you've ever tasted. Please give a big hand to Mr. Jack Honer.

〈예 5-4〉 Little Miss Muffet

Little Miss Muffet Sat on a tuffet, Eating her curds and whey; Along came a spider, Who sat down beside her, And frightened Miss Muffet away.	치마 양옆을 잡고 펼치듯 인사한다. 작은 의자에 앉는 포즈를 취한다. 음식을 먹는 포즈를 한다. 한 손바닥 쪽으로 검지와 중지를 교차로 움직인다. 손바닥 위로 다른 손바닥을 겹친다. 놀란 표정을 하며 도망치는 포즈를 한다.

① 교사는 시행을 읽고 학생은 동작을 구현한다. 교사는 시행의 순서를 섞어서 말할 수 있다.

② Miss Muffet에게 다가와서 거미가 하고 싶었던 말을 생각해 본다.

〈예시〉

Spider: Miss Muffet, I'm so hungry.

       would you share your food with me?

Spider: Miss Muffet, did you see my shoes?

       I have lost a pair of my shoes.

Spider: Miss Muffet, can you access to the World Wide Web?

③ 모둠별로 빈칸에 새로운 단어를 넣어 스토리 만들기를 한다. 동작도 생각해 본다.

〈예시〉

Little Miss _____ Sat on _____ Eating _____ Along came _____ _____ And _____.	Little Miss <u>Tuckett</u> Sat on <u>a bucket</u> Eating <u>some peaches and cream;</u> Along came <u>a grasshopper</u> <u>And tried hard to stop her;</u> And she said, "Go away, or I'll scream."

④ 시의 내용을 각색해서 연극으로 만들어 본다. 인터뷰나 재판 장면을 만들면 재미있는 활동이 된다. 영어 혹은 한국어 수업으로 할 수 있다.

〈예시〉

Old Mother Hubbard	Interview with Mother Hubbard
Old Mother Hubbard went to the cupboard To get her poor dog a bone When she got there, the cupboard was bare And so the poor dog had none.	A: Mother Hubbard, why did you go to the cupboard? B: I've just wanted to give a bone to my poor dog. A: Did you get your dog a bone? B: No, when I got there, the cupboard was bare. A: Mother Hubbard, why did you run out of bones? B: Last Sunday, my neighbor Humpty Dumpty came to my house with his sons. They've hidden all of the bones I had. I couldn't find any of the bones. A: I see. You should have bought more bones for your dog. B: Yes. To my poor dog, I feel so sorry. I'll go to the market right now, before my dog feels hungry.

※ Mother Goose를 활용한 대본 예시

Can Humpty Dumpty Be Saved? By Lois Lewis[16]

Story Preview: Two young computer whizzes help doctors in a race against time to save Humpty Dumpty!

Roles: Narrator 1, Narrator 2, Twins Carol and Christopher Megabyte, Mr. and Mrs. Megabyte,[17] Dr. Menditwell, King Prosperous, Reporter Bob Blab

---

16) http://www.educationworld.com/a_curr/reading/ReadersTheater/pdfs/ReadersThea ter003.pdfdml의 내용을 재구성함. 연극을 위한 대본뿐만 아니라, 동시 수업 활동 후에 읽기 자료 로도 활용 가능하다.
17) 대사 양이 적기 때문에 Narrator1, 2를 1인 2역으로 맡게 해도 좋다.

NARRATOR 1: Reporter Bob Blab is reporting the Humpty's accident.

BOB BLAB: Today, King Prosperous made an extraordinary offer to the people of our kingdom.

KING PROSPEROUS: I hereby proclaim that I will award one million dollars to anyone who can help doctors find a way to save our Kingdom's beloved egghead, Sir. Humpty Dumpty.

BOB BLAB: Humpty Dumpty was injured yesterday morning in a fall from his perch on the Great Kingdom Wall. His physician, Dr. Menditwell, says Mr. Dumpty's condition is critical, and hope for his recovery is fading.

DR. MENDITWELL: Humpty Dumpty has cracked bones in his arms and legs. Our biggest concern, though, is his outer shell; it's so shattered, we don't even know how to repair the damage.

BOB BLAB: That's our report from the palace. I'll keep you posted on the latest developments in this ongoing drama.

NARRATOR 2: In a home across the kingdom, twins Carol and Christopher Megabyte are watching the news with their parents.

MRS. MEGABYTE: Poor Mr. Dumpty! I can't imagine the kingdom without him.

MR. MEGABYTE: One million dollars! Maybe the reward will encourage someone to find a way to help Humpty.

NARRATOR 1: After the news broadcast, Carol and Christopher

sit down at their computers to begin their homework.

NARRATOR 2: While researching online, Carol finds an article about Humpty Dumpty's accident.

CAROL: Hey Chris, check this out.

CHRIS: Wow! Look at that picture! Humpty cracked into so-o-o many pieces when he fell, he kind of looks like a jigsaw puzzle.

CAROL: Hmm ... Jigsaw puzzles can be solved ... Chris, I think we can find a way to put Humpty Dumpty back together again!

NARRATOR 1: By the next morning, Carol and Chris have created a computer program that isolates and numbers each broken piece of Humpty Dumpty's shell.

NARRATOR 2: The program also shows how to put those pieces back together again - just the way they were before Humpty's fall.

CHRIS: We did it! We figured out how to put Humpty Dumpty back together again! At least, we figured out how to get the computer to do it.

CAROL: We've got to show our program to Dr. Menditwell at the hospital!

CAROL and CHRIS (together): Mom! Dad!

NARRATOR 1: Mr. and Mrs. Megabyte rush into the hallway.

MR. MEGABYTE: (looking at the clock) It's five a.m. Why are you two up already?

CHRIS: We're not up already. We've been up all night!

CAROL: We figured out how to fix Humpty Dumpty!

MRS. MEGABYTE: (surprised) You did . . . what?

NARRATOR 1: Carol and Chris proudly show the computer program to their parents.

NARRATOR 2: Mr. and Mrs. Megabyte hug the twins with just as much pride.

CHRIS: We need to show Dr. Menditwell. We have to go to the hospital right away!

NARRATOR 1: The family quickly gets dressed.

NARRATOR 2: They arrive at the hospital at seven a.m., just as Dr. Menditwell is holding a press conference about Humpty's recovery.

DR. MENDITWELL: Good morning. I'm sad to report that Mr. Humpty's condition is unchanged. And unless we find a way to repair his shattered shell soon, he can only get worse.

NARRATOR 1: At that moment, the Megabyte family pushes through the crowd.

CHRIS: (yelling) Dr. Menditwell! Stop! We need to speak with you!

DR. MENDITWELL: (puzzled) Who are you?

CAROL: I'm Carol Megabyte.

Chris: And I'm Chris Megabyte.

Carol and Chris (together): And we've created a computer program that will help put Humpty Dumpty back together again!

NARRATOR 2: Dr. Menditwell is skeptical, but he and a few other doctors gather around Carol's laptop to view the twins' program. Soon, everyone is amazed.

DR. MENDITWELL: This is

astounding! If we can make it work, we can save Humpty!

NARRATOR 1: Dr. Menditwell immediately assembles a medical team to operate on Humpty Dumpty.

NARRATOR 2: Ten hours later, the doctor comes out of the operating room. The Megabyte family — and a nervous crowd of reporters and spectators — are waiting to hear the news.

BOB BLAB: Dr. Menditwell, how's Humpty?

DR. MENDITWELL: Well, we repaired his internal injuries and broken bones. And, thanks to a computer program created by these two whiz kids, we were able to put Humpty's shell back together again too. We even added a clear, shatterproof shield, we think, will keep him safe in the future.

BOB BLAB: You're saying that Humpty will make it?

DR. MENDITWELL: Yes. With a few months of intensive physical therapy, we expect Humpty to make a full recovery.

NARRATOR 1: The crowd cheers. Carol and Chris high-five each other.

NARRATOR 2: Four months later, Humpty Dumpty leaves the hospital, fully recovered.

NARRATOR 1: The kingdom celebrates his return to health with a festival in his honor.

NARRATOR 2: During the event, King Prosperous presents a check for one million dollars to Carol and Chris Megabyte. Bob Blab reports.

BOB BLAB: Today, Humpty Dumpty is back on the Great

Kingdom Wall. Surrounded by a shatterproof shield, he seems well protected from the risks of another fall. At least, we hope so. This is Bob Blab reporting from outside the Kingdom Center.

6. 읽기-쓰기 통합 수업을 위한 동시 활용 영어 연극

〈수업 계획〉 Bleezer's Ice cream을 활용한 영어 연극

활동 1	읽기 활동	동영상 보기 함께 시 읽기 빨리 읽기 게임
활동 2	연극 활동	자기만의 아이스크림 만들기 아이스크림 가게 역할극
활동 3	쓰기-읽기 활동	새로운 아이스크림 시 쓰기 자기만의 아이스크림 쌓기 아이스크림 형태시 쓰기

* 아이들이 좋아하는 아이스크림을 주제로 한 두운과 각운이 잘 어우러진 동시를 활용하여 읽기 극장 활동을 할 수 있다. 모둠별 빨리 읽기 경쟁을 할 수도 있고, 자신들이 원하는 아이스크림 이름을 만들어 읽기 극장을 할 수도 있다.

<Bleezer's Ice cream>

I am Ebenezer Bleezer,

I run BLEEZER'S ICE CREAM STORE, there are flavors in my freezer you have never seen before, twenty-eight divine creations too delicious to resist, why not do yourself a favor, try the flavors on my list:

COCOA MOCHA MACARONI

TAPIOCA SMOKED BALONEY

CHECKERBERRY CHEDDAR

CHEW CHICKEN CHERRY

HONEYDEW TUTTI-FRUTTI

STEWED TOMATO TUNA TACO

BAKED POTATO LOBSTER

LITCHI LIMA BEAN

MOZZARELLA MANGOSTEEN

ALMOND HAM MERINGUE

SALAMI YAM ANCHOVY PRUNE

PASTRAMI SASSAFRAS

SOUVLAKI HASH SUKIYAKI

SUCCOTASH BUTTER BRICKLE

PEPPER PICKLE POMEGRANATE

PUMPERNICKEL PEACH

PIMENTO PIZZA PLUM

PEANUT PUMPKIN

BUBBLEGUM BROCCOLI

BANANA BLUSTER CHOCOLATE

CHOP SUEY CLUSTER

AVOCADO BRUSSELS SPROUT

PERIWINKLE SAUERKRAUT

COTTON CANDY CARROT

CUSTARD CAULIFLOWER COLA

MUSTARD ONION DUMPLING

DOUBLE DIP TURNIP TRUFFLE

TRIPLE FLIP GARLIC GUMBO

GRAVY GUAVA LENTIL LEMON

LIVER LAVA ORANGE OLIVE

BAGEL BEET WATERMELON

WAFFLE WHEAT

I am Ebenezer Bleezer, I run

BLEEZER'S ICE CREAM STORE,

taste a flavor from my freezer,

you will surely ask for more.

* Bleezer's Ice cream에 대하여

동시 작가인 Jack Prelutsky가 쓴 시로 두음(alliteration)과 라임(rhyme)이 잘 나타나
있는 재미있는 시다. 28가지 기괴한 맛의 아이스크림을 소개하는데 모두 대문자로 나
타낸 점이 특징이다. 빈도가 높은 단어가 아니기 때문에 아이들이 글자를 노출 빈도에
의존해 암기하여 말하는지, 아이들의 파닉스 실력이나 문자 해독 능력(decoding)을 확
인할 수 있다. 단어의 뜻보다는 음가가 주는 재미를 느낄 수 있도록 지도해야 한다.

〈활동 1: 읽기 활동〉

① Youtube(http://www.youtube.com/watch?v=YuPlUQvViX8)에 올라온 영상을 반복해서 시청한다.

② 교사가 선창을 하고 학생들이 따라 읽도록 한다.

③ 교사가 아이스크림을 소개하는 부분만 읽고, 아이스크림 시행은 학생들이 각각 읽는다.(전체 읽기)

④ 모둠별로 아이스크림 나열 부분을 빠르게 읽는 연습 시간을 주고, 각 모둠 대표끼리 빨리 읽기 대결을 한다.

〈활동 2: 연극 활동〉

⑤ 모둠별로 알파벳을 골라 아는 단어로 아이스크림 이름을 짓고, 도화지나 색종이, 잡지 등을 이용해 아이스크림을 만들고 가격도 정한다.

⑥ 아이들이 만든 아이스크림을 모아 아이스크림 가게를 열고, 아이스크림 주인과 고객으로 연극을 해 본다.

A: May I help you?

B: What is this month best ice cream?

A: _____.

B: How does it taste? (What does it taste like?)

A: It tastes (like) _____.

B: How much is it?

A: It is _____ won.

B: I want this. Thank you!

A: Here you are.

〈활동 3 : 쓰기-읽기 활동〉

⑦ 짝 활동으로 자신이 고른 아이스크림의 철자를 섞어 놓고 상대방이 원래 스펠링으로 찾아 쓰도록 한다. 아이들로 하여금 영어 철자에 대한 인식을 강화할 수 있는 활동이다.

⑧ ⑤에서 아이들이 새롭게 쓴 아이스크림 이름을 모아 모둠별로 새로운 _____' Ice cream을 써 본다. 그리고 〈활동1〉에서처럼 다양한 방법으로 읽어 본다.

⑨ 자기만의 아이스크림을 그려 보고, 모둠 친구들에게 소개한다. 가장 높게 쌓은 아이스크림을 만든 친구가 이기는 게임이다.

⑩ 아이스크림 형태의 시를 써 본다.

〈Ice Cream 형태시의 예〉

```
                  soft
           drippy            choc
       whippy white           flake
       sharp citrus bright     choc
      merry morello cherry   flake
      succulent strawberry   choc
       tangy tarty tutti-fruiti bits
     mouth watering green mint hits
    dark brown chocolate chip dream
     ice cream ice cream ice cream
    (((((((((((((((((())))))))))))))))))))
    golden honey crunchy crumb cone
    munchy mellow yellow type tone
     baked biscuit delicious delight
       dare you take a big bite
          mind melting drips
          sticky licking lips
            oh yum yummy
            slips in tummy
            so cool sweet
            treat to eat
```

7장 동화를 활용한 영어 연극 수업

이야기를 이용해서 수업을 해 본 교사라면 이야기가 마법과 같다는 점을 알 것이다. 흥미, 집중, 호기심을 유발하기 쉬울 뿐 아니라 다양한 활동을 자연스럽게 시도할 수 있다. 이야기의 흐름을 따라 가다 보면, 아이들은 반복되는 부분에 대해서도 싫증을 덜 느끼며 자연스럽게 어휘를 습득하고, 실제 어휘의 쓰임에 대한 감각을 키울 수 있다. 또한 이야기 속에서 대리 경험을 함으로써 다양한 관점으로 유연한 생각을 이끌어 내기 쉽고, 다소 어렵고 무거운 주제에 대해서도 편안하게 접근할 수 있다.

1. 골디락스와 곰 세 마리(Goldilocks and Three Bears)

<줄거리> 금발머리 소녀 골디락스는 숲 속에서 작은 오두막을 발견한다. 골디락스는 주인 허락도 받지 않고 집 안으로 들어간다. 그 집은 곰 가족이 사는 집으로, 식사를 위해 준비한 죽이 너무 뜨거워 죽이 식을 때까지 산책을 나간 상황이다. 식탁 위에 차려 놓은 죽(포리지) 세 그릇을 발견한 골디락스는 하나씩 맛보기 시작한다. 첫 번째 죽은 너무 뜨거웠고, 두 번째 죽은 너무 차가웠다. 세 번째 죽은 딱 적당한 정도여서

골디락스는 세 번째 죽을 맛있게 다 먹어 버린다. 식사를 마친 골디락스는 거실로 가서 의자에 앉으려 한다. 거실에는 세 개의 의자가 있었는데, 첫 번째 의자와 두 번째 의자는 불편해서 앉을 수 없었지만, 세 번째 작은 의자에 앉아 본 골디락스는 마음에 꼭 들었다. 하지만 그 의자는 곧 부서져 버렸다. 골디락스는 그다음에 침실로 가는데, 첫 번째 침대는 너무 딱딱해서 잘 수가 없었으며, 두 번째 침대는 너무 푹신해서 잘 수가 없었다. 세 번째

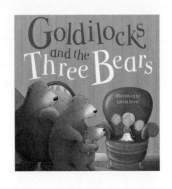

작은 침대는 딱 맞았기 때문에 골디락스는 거기서 잠이 든다. 얼마 뒤 그 집 주인인 세 마리 곰이 아침 산책을 마치고 집으로 돌아왔다. 어질러진 집을 보고 누군가 집에 들어 왔었다고 생각한 곰들은 마침내 아기 곰 침대에서 자고 있는 골디락스를 발견하게 되고, 소란함에 잠에서 깬 골디락스는 세 마리 곰이 자기를 쳐다보고 있다는 사실에 놀라 곧바로 멀리멀리 도망친다. 그러곤 그 뒤로 오두막에 얼씬도 하지 않았다.

〈수업 계획〉 Goldilocks and Three Bears을 활용한 과정극

text	Goldilocks and Three Bears
character	Goldilocks, Papa Bear, Mama Bear, Baby Bear
Lesson Plan	

1막	이야기와 친해지기	다양한 읽기 방식으로 이야기의 내용을 숙지할 수 있도록 지도한다.
2막	몸으로 표현하기	모둠별 정지 장면을 표현하도록 지도한다. 사진을 찍고 사진 밑에 장면 설명을 쓰도록 지도한다.
3막	단어/문장으로 표현하기	인물의 특징을 묘사하는 형용사 발화를 유도한다. 인물의 행동을 나타내는 문장 발화를 유도한다. 쓰기 지도를 병행할 수 있다.
	벽이 말해요	이야기 인물들의 행동과 상황, 사건을 관찰하고 묘사할 수 있는 문장을 발화하도록 지도한다.
4막	그림자 연극하기 발표하기	그림자 연극을 위한 인물 그림자 만들기를 해 본다. 그림자 인물들을 이용해 연극을 꾸며 본다.
5막	새로운 이야기	다양한 질문으로 학생들의 반응을 유도한다. 질문과 대답에 근거한 이야기를 만들어 본다. 이야기를 대본 쓰기 및 연극으로 확장 가능하다.

※ 연극 수업 활동 차시는 막(幕)과 장(場)으로 표시했다. 흔히 연극이 5막으로 구성되었다는 전제로 활동 역시 5막으로 나누었고, 활동에 따라 보다 작은 구분으로 장을 사용했다.

1막. 이야기와 친해지기

먼저 교사가 〈Goldilocks and Three Bears〉를 읽어 준다. 연극 활동을 위해 이야기의 내용을 아는 것이 핵심이기 때문에 아동의 언어 수준을 고려해서 영문이나 한글판을 선택해서 실감나게 읽어 준다. 책을 여러 차례 읽는 것이 효과적이기 때문에 다양한 방법을 동원한다.

<예시> 단계적인 읽기 방식

처음 읽기: 교사가 처음부터 끝까지 실감나게 읽어 준다.(Tip: 해설 부분은 한글판으로 등장인물 대사는 영문판으로 섞어 읽는 것도 시도해 볼 만하다.)

두 번째 읽기: 적절한 효과음을 넣을 부분을 상의해서 교사가 두 번째로 책을 읽을 때 학생들이 효과음을 담당하도록 한다.

세 번째 읽기: 교사는 해설 부분을 담당하고 학생들은 등장인물의 대사를 모둠별로 읽도록 지도한다. 가장 실감나게 읽은 모둠에 적절한 보상을 계획하는 것도 도움이 된다. 학생들과 함께 읽은 부분을 녹음해 두었다가 다양한 연극 활동이 끝난 후 읽은 부분과 비교해서 들려준다.

2막. 몸으로 표현해 보기

가장 재미있는 장면을 모둠별로 몸으로 표현해 보게 한다. 등장인물뿐만 아니라 소품도 학생들이 직접 몸을 이용해서 표현하도록 한다. 예를 들면 Godilocks가 앉는 의자라든지, 누워 보는 침대도 학생들이 아이디어를 모아 표현하도록 유도해 본다.(딱딱한 아빠 곰의 침대, 푹신한 엄마 곰의 침대를 아이들이 어떻게 표현할지 기대된다.) 각 모둠이 표현한 정지 장면이 이야기의 어느 부분인지 다른 모둠이 맞히도록 하거나, 교사가

정지 장면을 연기하는 모둠의 한
사람의 어깨를 건드리면 그 학생
은 자신이 표현하고 있는 상황,
혹은 모둠 전체가 표현하고 있는
상황을 말하도록 지도한다.

　교사는 모둠이 표현한 장면 사
진을 찍어 두고 쓰기 활동으로 활
용한 뒤 전시한다. 사진 밑에 어떤 장면인지 아이들이 설명을 쓰도록 한
다. 학습자의 수준에 맞는 영어를 써 보도록 권장한다. 자신들이 몸으로
직접 표현한 사진이기 때문에 글쓰기에 좋은 동기 부여가 된다. 완성된
사진과 설명의 글은 이야기의 순서에 따라 교실 한쪽 벽면에 전시한다.

3막 1장. 단어 혹은 문장으로 표현해 보기

　① 교사는 골디락스를 표현할 형용사를 생각해 보도록 지도한다. 단어
는 이야기 내용과 관련 있는 것도 좋고 아닌 것도 좋다. 두 명씩 짝지어
한 줄로 세운 뒤 "A _____ Goldilocks"를 채울 수 있는 단어를 말
하도록 한다. 학생들은 happy, sad, curious, brave, timid, polite,
naughty, mean, scared, lovely, lonely, clever, tired, sleepy, stupid,
slow, fast 등과 같은 단어를 생각해 말할 것이고, 단어를 말한 다음에는
교사가 가리키는 순서대로 학생들은 자신이 생각한 단어를 넣어 "A
_____ Godilocks"라고 말한다. 다음에는 표정과 동작을 함께 하며 "A
_____ Godilocks"라고 말하게 한다. 다음에는 교사의 신호 없이 순서
에 따라 파도타기처럼 앞사람 말이 끝나면 이어서 "A _____ Godilocks"

라고 말하도록 지도한다.

Tip: 긍정적인 의미의 형용사와 아닌 것, 또는 이야기의 내용과 직접 관련 있는 형용사와 아닌 것 등으로 분류하는 활동을 할 수도 있다.

② 두 명씩 짝을 지어 골디락스가 무엇을 하고 있는지 정해 보도록 한다. 교사는 "Godilocks is _____"라는 지시문을 제시하고, 아이들은 자신들이 표현하고 싶은 것을 넣는다. 학생들은 running, walking, swimming, dancing. eating, drinking, sleeping, fighting, singing, reading, sitting, lying, looking, studying, smelling 등과 같은 단어를 생각해 낼 것이고, 한 사람은 행동으로, 다른 사람은 말로 설명한다.

Tip: 이야기와 관련된 행위와 아닌 것을 구분한다. 이야기와 관련 없는 행위를 묘사한 학생들은 이야기와 관련된 학생들의 문장을 더 이어 가는 데 성공해야 미션이 완성된다. 예를 들어 "Godilocks is sitting on the baby bear's chair," 혹은 "Godilocks is eating in the kitchen."

3막 2장. 벽이 말해요

학생들이 손을 잡고 곰 가족 집의 벽이 된다. 그러고 나서 골디락스의 행동을 말해 본다. 골디락스 역할을 맡은 학생은 이야기에서 읽은 대로 포리지를 먹을 수도, 의자에 앉을 수도, 집 안을 둘러볼 수도, 침대에 누울 수도 있고, 이외에 다양한 행동을 할 수 있다. 골디락스가 행동을 할 때마다 벽이 된 학생들이 돌아가며 행동을 설명하면 된다.

4막. 그림자 연극(shadow puppet theater)

학생들은 검은 도화지와 나무젓가락을 이용해 이야기의 등장인물인 골디락스, 아빠 곰, 엄마 곰, 아기 곰과 침대, 식탁, 의자 등 소품을 만든다. 교실을 어둡게 하고 하얀 스크린에 조명을 밝히고 그 앞에서 만들어 놓은 젓가락 인형을 움직이면 간단하면서도 무대 효과를 높일 수 있는 인형극이 완성된다. 이러한 활동을 통해 아이들은 본인들이 실제로 연극을 하는 것이 아니라 대리 경험을 통해 일반 연극이 주는 극적 경험을 하게 되고, 상황을 객관적이면서 전체적으로 읽어 낼 수 있는 힘을 기르게 된다.

5막. 새로운 스토리 쓰기

교사가 이야기와 관련된 상황에 관해 질문하면서 학습자의 다양한 반응을 유도한다. 모둠에서는 먼저 그림으로 표현하도록 한다. 그리고 나서 그림을 영어로 표현해 볼 것을 제안한다. 쓰기가 가능한 경우 그림 밑에 영어로 표현할 수 있는 것은 최대한 써 보도록 제안한다. 교사가 유도한 상황 질문은 아동 학습자들로 하여금 새로운 이야기를 쓰게 하는 데 도움이 되고, 이를 바탕으로 새로운 대본이 만들어질 수도 있다. 대본을 바탕으로 간단한 연극을 해 볼 수 있다.

교사 질문	학생 반응 예시
1 골디락스가 자신들의 집을 엉망으로 만든 것을 보고 세 마리 곰은 어땠을까요? How did the three bears feel when they saw everything messed up?	angry/ want revenge /call to the police for help
2 그래서 곰들은 골디락스 집에 가서 복수해 주려고 해요. 언제 갈까요? 무엇을 가져가 면 될까요? Now, they want revenge. When is good for revenge? What do they want to bring with them for revenge?	at midnight/ when Goldilocks went out for a walk/ When she was out/ ax/ gun/ hair spray/ bat
3 아빠 곰은 골디락스 집에 들어가서 제일 먼 저 무엇을 했을까요? What did Papa Bear do in Goldilock's house?	ate up all porridge on the table/ drank all juice in the fridge
4 엄마 곰은 무엇을 했을까요? What did Mama Bear do in Goldilock's house?	broke all the chairs into pieces
5 아기 곰은 무엇을 했을까요? You may guess my question, now. What did Baby Bear do?	jumped on the bed
6 그런데 누군가 문 밖에 와 있네요. 골디락 스가 아니네요. 누구일까요? There is someone at the door. It's not Goldi. Who do you think it is?	Big Bad Wolf/ three little pigs/ Snow White
7 어떤 결말을 생각하나요? What do you think the ending of this story?	Interesting endings are expected.
8 이 이야기의 제목은 뭐라고 하면 좋을까요? Do you have a special title of your story in your mind?	Big Bad Bears/ Beware of the Bears/ The Three Bears and ( )

2. 토끼와 거북

<줄거리>
자신이 빠르다는 것을 자랑하는 토끼에게
느림보 거북이가 경주를 제안한다. 그래서
거북과 토끼는 달리기 경주를 하게 되었는데,
토끼는 자만하여 도중에 잠을 잤으나, 자기가
느리다는 것을 잘 아는 거북은 쉬지 않고 달려
결국 승리하였다는 이야기이다.

  아동 학습자에게 익숙한 전래동화를 바탕으로 연극 수업을 할 경우 대
본의 내용을 미리 설명하지 않아도 학생들 대부분이 잘 알고 있어 수업 접
근에 매우 용이하고 시간을 절약할 수 있다는 장점이 있다. 여기에서는 학
생들에게 익숙한 '토끼와 거북'을 각색한 대본을 과정극을 위한 텍스트로
선정하여 수업을 계획한 경우를 살펴보려 한다. 대본은 "You Are My
Friends"(신나는 교실영어연극놀이 대본모음 II, 곽종태)를 이용하는데, 익
숙한 기존의 이야기를 변형하여 새로운 대본 읽기 과정과 대본의 결말을

동화를 활용한 영어 연극 수업의 장점
1. 흥미, 집중, 호기심을 유발하기 쉽다.
2. 반복에 대한 거부감이 적다.
3. 일단 극적 상황이 설정되면 다양한 활동을 시도 할 수 있다.
4. 어휘가 순환되기 때문에 기억하기 쉽다.
5. 실제 어휘의 쓰임에 대한 감각을 키울 수 있다.
6. 이야기 속에서 생각을 이끌어 내기 쉽다.
7. 다소 어렵고 무거운 주제에 대한 편안한 접근이 가능하다.

제시하지 않고 학생들이 자신의 생각과 느낌에 따라 결말을 제시해 보도록 하는 활동을 계획함으로써 재미있는 극 활동 수업을 운영할 수 있다. 미완성 대본을 과정극을 위한 텍스트로 사용하는 연극 수업은 학생들의 흥미와 몰입도를 높일 수 있고, 학생들의 소극적 참여와 연극 수업 대본의 단조로움이라는 기존 연극 수업의 단점을 어느 정도 해결할 수 있다.

〈수업 계획〉 You Are My Friends를 활용한 과정극

text	You Are My Friends
character	rabbit, turtle, angel, devil, reporter
Lesson Plan	

1막	비교급 표현 지도	다양한 읽기 방식으로 이야기의 내용을 숙지할 수 있도록 지도한다.
2막	이야기 순서 맞히기	핵심 장면 4커트를 순서대로 배열하고 내용을 설명하도록 한다. 쓰도록 지도해도 좋다.
	가위바위보	돌아다니면서 가위바위보를 한 뒤 진 학생은 "I'm a rabbit. I am sleepy"라고 하며 잠들고, 이긴 학생은 "I'm a turtle. I must keep going"이라고 하며 돌아다닌다. 돌아다니다가 잠든 토끼를 보고, "Wake up, Rabbit!"이라고 말해주면 토끼가 잠에서 깨고, "I'll be a winner"라고 말하면 토끼는 잠에서 깨지 못한다.
3막	대본 읽기1	기존 이야기와 대본의 차이점 토론하기 배역 나눠서 대본 읽기
	인물 표정 그리기	등장인물 대사 앞에 표정을 그려서 감정 상태와 효과적인 목소리를 내는 훈련을 한다.
4막	대본 읽기2 (Vocalization)	감정에 맞게 대본 2차 리딩을 한다.
	결과 변형하기 (variation)	거북이와 토끼가 어떻게 할지 이어질 내용을 상상하여 대본 작성하기
5막	연습하기	모둠별 결론에 따른 대본으로 연습하기
	발표하기	모둠별 대본 읽기 발표 및 상호 평가하기

1막. 비교급 표현 지도 활동

⟨An elephant is bigger than a flea⟩와 같은 동영상을 보여주면서 율
동과 함께 노래를 불러 본다. 이 활동은 본격적인 연극 활동에 앞서 학생
들을 즐겁게 준비시킬 수 있는 warm-up이기도 하지만, 비교급 표현이 자
주 사용되는 이번 대본에서 핵심적으로 다루어져야 하는 언어 표현을 자
연스럽게 연습시킬 수 있기 때문에 아동 학습자에게 도움이 된다.

An elephant is bigger than a flea

An elephant is bigger than a flea. I said an elephant is bigger than a flea. An elephant is stronger An elephant lives longer. An elephant is bigger than a flea. An elephant is better than a flea. Why? Because an elephant is easier to see in the dark. An elephant is bigger, much much bigger. An elephant is bigger than a flea. A crocodile is bigger than a fly. I said a crocodile is bigger than a fly. A crocodile is stronger. A crocodile lives longer. A crocodile is bigger than a fly. A crocodile is better than a fly. Why? Because a crocodile can smile and he can cry. A crocodile is better. He can even knit a sweater. A crocodile is better than a fly.	1. 처음에는 노래 가사에 따라 big, strong, good, long 등을 율동과 함께 반복한다. 2. 노래의 내용 혹은 느낌에 따라 그림으로 표현해 본다. 3. 코끼리와 벼룩 대신에 다른 동물을 넣어서 노래와 율동의 변화를 준다. 모둠별로 동물을 선정해서 다양한 표현을 발표하도록 유도한다. 

※ https://www.youtube.com/watch?v=S297ljlu7BY 참조.

2막 1장. 이야기 순서 맞추기

교사는 〈토끼와 거북〉의 핵심 장면을 표현한 네 장의 그림을 준비한다. 학생들이 그림을 순서대로 배열하고 떠오르는 내용을 자유롭게 말하도록 유도한다. 교사는 아이들이 내용을 설명하면서 자주 사용하는 언어 표현을 주의 깊게 기록한다. 이는 나중에 극 활동을 할 때 아이들이 필요로 하는 언어 재료를 효과적으로 공급할 수 있는 언어 자료가 될 수 있다.

2막 2장. 가위바위보 게임

가위바위보 게임을 해서 진 사람은 토끼의 대사를, 이긴 사람은 거북의 대사를 말해 보도록 지도한다. 게임을 통해 극의 등장인물들에게 자연스럽게 다가가고 맡은 역에 몰입할 수 있는 시간을 준다. 게임을 하면서 학생들은 이야기 속에서 토끼가 잠이 들었을 때 거북이가 토끼를 깨울지 말지 고민하는 상황에 몰입할 수 있다. 대본의 내용을 보면 천사와 악마가 등장해서 잠든 토끼를 깨워야 할지 말아야 할지 거북에게 말하는 장면이 나오기 때문에 대본 이해를 돕기 위한 활동으로 계획한다.

〈예시〉

Rabbit: I am a _____ rabbit. I'm so sleepy. (The rabbit falls a sleep)

Turtle: I am a _____ turtle. I must keep going. (The turtle keeps

walking)

Turtle: Wake up! Rabbit. The race is still going on.

Rabbit: Thank you!

3막 1장. 대본 읽기 활동 1

움직임 활동 후에는 대본 읽기를 한다. 첫 리딩인 만큼 완벽하게 읽어
내는 것보다는 내용을 이해하는 방향에 맞추어 함께 읽기 작업을 한다.
그리고 나서 학생들이 기존에 알고 있는 이야기와 다른 점을 찾도록 한
다. 각자 발견한 차이점을 말해 보도록 하고, 모둠별로 배역을 나누어 읽
는 1차 리딩 활동으로 수업을 마무리한다. 중요한 점은 대본의 처음부터
끝까지 읽는 것이 아니라 천사와 악마의 대사 다음에 거북의 결정이 나오
기 전까지만 읽는다. 그래야 결말을 달리한 극 활동을 할 수 있다.

3막 2장. 인물 표정 그리기

학생들이 등장인물의 대사 앞에 표정을 그려서 각 등장인물의 감정을
경험할 시간을 갖는다.

4막 1장. 대본 읽기 활동 2

등장인물의 감정을 반영하여 2차 대본 리딩을 한다. 이러한 감정을 그림으로 나타내는 활동을 통해 이후 리딩부터는 연극에 깊이 몰입하여 읽는 학생들의 모습을 기대해 볼 수 있다. 대본 읽기 활동이 어느 정도 마무리가 되면 결말을 예측하는 시간을 가져본다.

4막 2장. 결과 변형하기

학생들에게 거북과 토끼가 앞으로 어떻게 할지 결과를 상상하여 대본을 직접 작성해 보도록 한다. 모둠 토론을 통해 모둠마다 다른 결론이 도출될 수 있도록 자유롭게 결말을 생각해 보도록 한다.

5막. 대본 연습 및 발표하기

모둠별 결말에 따른 대본 읽기를 시연한 후 모둠별 평가를 해 본다.

〈예시〉

Turtle : I don't care rabbit. (sic)
    I just do my best so
    I want to become a winner
    Rabbit is so lazy and she didn't do her best.

Turtle : Hey, rabbit wake up! wake up! (sic)
Rabbit : Thank you turtle
Turtle : your welcome rabbit. Let's go~
Rabbit : Yes, Let's go ~

Turtle : I'm so tired. I went to sleep.(sic)
    Z Z Z The and.

■ "You Are MY Friends"의 바뀐 결과를 상상하여 쓴 대본의 예

You Are My Friends

(신나는 교실영어연극놀이 대본모음 I, 곽종태)

Announcer: Hello, everyone!

There are two animals.

A turtle and a rabbit.

If they race together,

who will be the winner?

Can you guess? Guess! Guess!

OK! Let's go see the race.

(exits)

Chant: There are a rabbit and a turtle. They are racing together.

Reporter: I'm a reporter. Hello!

Turtle. How do you feel today?

Turtle: (slowly) I'm OK. I'm very slow but I'll do my best.

Reporter: Hello! Rabbit.

How do you feel today?

Rabbit: I'm fine. Turtle is slow.

(overbearingly) I'm very fast.

I can beat Turtle.

The race started. In the middle of race, Rabbit gets the lead. He can't see Turtle behind.

Rabbit: I'm so tired. Where is Turtle? I can't see her. Ha, ha, ha! She is very slow. I want to sleep here.

Turtle: I'm very slow but I'll do my best. Oh, It's Rabbit. He is taking a nap. If I go ahead, I'll be the winner.

Angel: Stop! Why don't you wake up Rabbit? Rabbit is your friend. Wake up Rabbit. Wake up Rabbit. (exits)

Devil: No! You need not to

wake up Rabbit. Go! Go! (exits)

Turtle: (hesitating for a while) She is my friend. We have to go together. Wake up! Wake up, Rabbit! We have to go together. You are my friend.

Rabbit: OK! Thank you. You are my friend. Let's go together.

Turtle and Rabbit: You are my friend!

3. 개구리 왕자 (The Frog Prince)

<줄거리>

황금 공을 가지고 놀다가 우물에 공을 빠뜨린 공주 앞에 개구리 한 마리가 다가와 함께 식사를 하고 공주의 침대에서 자게 해 줄 것을 약속하면 공을 찾아 주겠다고 말한다. 이에 공주는 개구리의 소원을 들어 주기로 하고, 개구리는 약속대로 황금 공을 찾아 주지만, 공주는 공을 받자마자 도망가 버린다. 그날 저녁, 개구리는 공주의 성으로 찾아가고, 자초지종을 들은 왕은 공주에게 개구리와 한 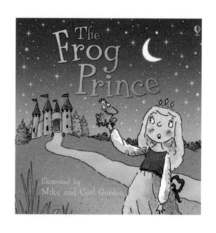 약속을 지키라고 명령한다. 공주는 하는 수 없이 개구리와 함께 저녁 식사를 한 후, 자신의 침대로 개구리를 데려갔다. 하지만 자신과 함께 잠을 자는 개구리가 못마땅했던 공주는 개구리를 벽으로 내던졌는데, 그 순간 개구리가 멋진 왕자의 모습으로 변한다. 그는 못된 마녀의 저주로 개구리가 된 이웃 나라의 왕자였다. 공주와 저녁 식사를 하고 같이 침대에 누운 덕분에 저주에서 풀린 왕자는 공주에게 청혼을 하고, 둘은 오래오래 행복하게 산다.

〈수업 계획〉 The Frog Prince를 활용한 과정극

text	The Frog Prince	
character	Frog, Princess, King, Witch	
Lesson Plan		
1막	이야기와 친해지기	이야기 핵심 그림과 문장카드를 매치하는 게임을 한다. 이야기 순서로 배열하고 내용을 말해 보도록 한다.
2막	정지 장면 구현	가장 기억에 남는 장면을 정지 장면으로 표현한다.
	약속나무 만들기	약속에 대한 이야기 나누기 약속나무 만들기
3막	공과 함께 대본 읽기	대본 읽기가 익숙해질 때까지 여러 번 읽는다. 특히 개구리 왕자가 찾아 준 황금 공을 소품으로 이용하면 읽기에 집중하게 만들 수 있다. 대본 읽기 지도 과정에 효과음을 생각하도록 지도한다.
4막	Anchor Chart 만들기	약속을 주제로 차트를 만들도록 지도한다. 관련 주제에 대한 자료 조사 및 분석 지도
5막	Frog Prince 2 기획하기	다양한 질문으로 엔딩 이후의 이야기를 상상해 본다. 영화제작팀을 구성하여 <Frog Prince> 이후의 내용을 생각해 보도록 한다.
	대본 듣기	교사가 <Frog Prince Continued>를 실감나게 읽어 준다.

1막. 이야기와 친해지기

이야기의 내용을 확인하는 단계로, 학생들이 〈개구리 왕자〉 이야기를 아는지 확인한다. 만약 학생 대부분이 이 책의 내용을 알지 못한다면 간단하게 교사가 스토리텔링을 해 주고, 다 듣고 난 후 이야기의 주요 장면에 따라 이야기 순서를 확인한다. 책을 읽은 학생들이 많을 경우 준비한 주요 장면에 따라 이야기 순서를 바로 확인하고 그림과 그림을 설명하는 문장카드를 매치하는 활동을 한다.

2막 1장. 정지 장면 구현

이야기 중에 가장 인상 깊거나 재미있는 부분을 모둠별로 정지 장면을 만들어 보도록 한다. 모둠별로 정지 장면을 만든 후, 어떤 장면인지 다른 모둠이 맞혀 보도록 한다.

2막 2장. 약속나무 만들기

약속에 대한 정의를 생각해 보는 시간을 갖는다. 약속을 무엇이라고 생각하는지, 약속이 왜 중요한지 생각해 보도록 지도한다. 만약 누군가 약속을 지키지 않으면 어떤 기분이 들지 생각해 본다. 최근 누군가와 어떤 약속을 했는지 포스트잇에 적어 준비된 약속나무에 붙이도록 한다.

교사가 간단히 나무 분장을 하고 교사에게 붙이도록 한 다음, 다 붙인 후 하나씩 떼어 내며 읽어 주는 것도 좋다.

3막. 대본 읽기 활동

학습자 수준에 적합한 대본을 선정하고, 대본 읽기를 지도한다. 읽기 지도 과정에서 개구리 왕자가 찾아 준 공주의 황금 공을 준비해 대사를 읽고 다음 사람에게 공을 넘기면 공을 받은 사람이 다음 대사를 읽도록 지도한다. 어느 정도 대본이 익숙해지면, 학생들이 적당한 효과음이나 배경 음악을 삽입할 부분을 찾도록 유도한다.

4막. Anchor Chart 만들기

약속에 관한 Anchor Chart를 만들어 본다. Anchor Chart는 하나의 주제를 학습하는 과정에서 이루어지는 생각의 흐름을 눈으로 볼 수 있게 나타내는 방법으로 리터러시 발달과 창의성 개발, 그리고 자기 주도적 학습에 매우 효과적인 것으로 알려져 있다. 교실 상황에서 지켜야 할 약속 또는 지구를 보호하기 위한 약속, 동물 보호를 위한 약속, 에너지 절약을 위한 약속 등 창의적인 생각 나누기를 한 다음, 가장 효과적인 방법으로 생각을 보여 줄 수 있게 차트를 완성하도록 지도한다.

예시: Promise Anchor Chart

5막 1장. 〈Frog Prince 2〉 기획하기

다양한 질문으로 결말 이후에 벌어질 내용을 생각해 보도록 지도한다. 개구리 왕자는 공주와 결혼한 후 행복했을까? 만약 두 사람 모두 행복하

지 못했다면, 개구리 왕자의 불만은 어떤 것이
고, 공주의 불만은 어떤 것일까? 차라리 개구
리였을 때가 그리워진 왕자가 다시 개구리가
되고 싶어 유명한 마법사를 찾아 가게 된다면
어떤 마법사를 만나게 될까?(동화책 속 마법
사나 마녀를 생각해 보자.)

5막 2장. 새로운 대본 듣기

활동을 마치면 교사는 〈The Frog Prince
Continued〉(168쪽 대본 참고)라는 대본을
실감나게 읽어 준다. 학생들 가운데 지원자
의 도움을 받아 함께 읽어도 좋다.

THE FROG PRINCE

From *Easy-to-Read Folktale Plays to Teach Conflict Resolution*
(Kathleen M. Hollenbeck, 2003)

Parts: Narrators, Princess, Frog, King

Narrator 1: Once upon a time, there lived a princess in a castle.

Narrator 2: Near the castle stood a deep well.

Narrator 3: One sunny day, the

princess played ball by the well.

Princess: What a beautiful golden ball I have! How high it goes!

Narrator 1: The princess threw her ball very high.

Narrator 2: KER-SPLASH! The golden ball fell into the well.

Princess: Oh, no! I've lost my golden ball! What will I do?

Frog: I can help you, Princess.

Princess: How can you help me? You are a small, ugly frog!

Frog: I will get your ball, but you must promise me something.

Princess: (growing impatient) Anything. What do you want? Do you want toys? Jewels? You name it. Just get me my ball!

Frog: Promise to be my friend.

Let me eat with you at your table. Let me sleep on your big, soft bed.

Narrator 3: The princess took a long look at the frog.

Princess: Okay, I promise.

Narrator 1: KER-SPLASH! The frog dove into the well. Moments later, he tossed the ball onto the grass.

Narrator 2: The princess grabbed it and ran toward the palace.

Frog: Wait, Princess! You promised to take me with you!

Narrator 3: The princess raced to the palace and ran inside.

Narrator 1: The frog hopped all the way to the palace.

Frog: (knocking) Princess! Princess! Open the door!

Narrator 2: By this time, the princess was eating dinner with the king. She heard the knocking and opened the door.

Frog: (cheerfully) Hello, Princess! You forgot about me!

Princess: (seeing the frog) Oh, my! Get away from here!

Narrator 3: The princess slammed the door in fear.

King: Who was that? Why are you shaking?

Princess: It was an ugly frog! He got my ball out of the well. I promised I would be his friend. Now he wants to come in.

King: My daughter, you made a promise. Let the frog inside.

Princess: He's ugly and slimy! I can't let him in!

King: You must keep your promise.

Narrator 1: The princess opened the door, and the frog hopped inside. He hopped right onto the table.

Princess: Get away from my plate!

Frog: You said I could eat from your plate. (He begins to eat.)

Narrator 2: After dinner, the frog stretched.

Frog: (yawning) This tasty food has made me sleepy. Where is your bed, Princess? I would like to lie down.

Princess: (gasping) You will not touch my bed, you slimy frog!

King: Did you promise this frog he could sleep on your bed?

Princess: Yes, but I made a mistake! He will ruin my sheets!

King: That's enough! Do as you have promised.

Narrator 3: Unhappily, the princess led the frog to her

room.

Narrator 1: At once, the frog hopped onto her bed.

Princess: (wailing) An ugly frog is on my bed! Oh, what am I to do! I never should have promised to be a friend so true!

Narrator 2: Just then, a cloud of smoke filled the air.

Narrator 3: The princess screamed and hid behind a curtain.

Narrator 1: She peeked out and could not believe her eyes.

Princess: (looking at a prince) Who are you? Where is the frog?

Prince: I am a prince. I was a frog, but you broke the spell with your kindness.

Princess: (sadly) I'm sorry. I was not very kind when you were a frog.

Prince: No, but you did keep your promise. You let me eat from your plate and sleep on your bed. That is the kindest anyone has been to me since I became a frog.

Narrator 1: Frog Prince and Princess made a promise to live a happy life together.

Narrator 2: So, they lived happily ever after.

THE FROG PRINCE CONTINUED

From *The Frog Prince Continued*
(Jon Scieszka, 2002)

Parts: Narrators(3), Prince, Princess, Witches(2),

Fairy Godmother

Narrator 1: THE FROG PRINCE

CONTINUED

Narrator 2: The Princess kissed
the frog. He turned into a
prince. And they lived
happily ever after...

Narrator 3: Well, let's just say
they lived sort of happily for a
long time. Okay, so they
weren't so happy. In fact,
they were miserable.

Princess: "Stop sticking your
tongue out like that,"

Narrator 1: nagged the Princess.

Prince: "How come you never
want to go down to the pond

anymore?"

Narrator 2: whined the Prince.

Narrator 3: The Prince and
Princess were so unhappy.
They didn't know what to do.

Princess: "I would prefer that
you not hop around on the
furniture,"

Narrator 1: said the Princess.

Narrator 2: Then one day, the
Princess threw a perfectly
awful fit.

Princess: You keep me awake all
night with your horrible,
croaking snore. Sometimes I
think we would both be better

off if you were still a frog."

Narrator 3: That's when the idea hit him. The Prince thought.

Prince: "Still a frog...Yes! That's it!"

Narrator 1: And he ran off into the forest, looking for a witch who could turn him back into a frog. The Prince hadn't gone far when he ran into just the person he was looking for.

Prince: "Miss Witch, Miss Witch. Excuse me, Miss Witch. I wonder if you could help me?"

Witch 1: "Say, you're not looking for a princess to kiss, are you?"

Narrator 2: asked the witch.

Prince: "Oh, no. I've already been kissed. I'm the Frog Prince. Actually, I was hoping you could turn me back into a frog."

Witch 1: "Are you sure you're not looking for a beautiful sleeping princess to kiss and wake up?"

Prince: "No, no- I'm the Frog Prince."

Witch 1: "That's funny. You don't look like a frog. Well no matter. If you're a prince, you're a prince. And I'll have to cast a nasty spell on you. I can't have any princes waking up Sleeping Beauty before the hundred years are up.

Narrator 3: The Prince, who knew his fairy tales, didn't even stay to say, "No, thank you." He turned and ran deeper into the forest. Soon he came to a strange-looking house with a witch outside.

Prince: "Ahem. Miss Witch, Miss Witch. Excuse me, Miss Witch. I wonder if you could help me?

I'm the Frog- "

Witch 2: "If you're a frog, I'm the King of France,"

Narrator 1: said the witch.

Prince: "No, I'm not a frog. I'm the Frog Prince. But I need a witch to turn me back into a frog so I can live happily ever after can you do it?"

Narrator 2: said the Prince in one long breath. The witch eyed the Prince and licked her rather plump lips.

Witch 2: "Why, of course, dearie. Come right in. Maybe I can fit you in for lunch."

Narrator 3: The Prince stopped on the slightly gummy steps. Something about this house seemed very familiar. He broke off a corner of the windowsill and tasted it. Gingerbread.

Prince: "I hope you don't mind my asking, Miss Witch. But do you happen to know any children by the name of Hansel and Gretel?"

Witch 2: "Why yes, Prince darling, I do. I'm expecting them for dinner."

Narrator 1: The Prince, who, as we said before, knew his fairy tales, ran as fast as he could deeper into the forest. Soon he was completely lost.

Narrator 2: He saw someone standing next to a tree. The Prince walked up to her.

Prince: "Madam. I am the Frog Prince. Could you help me?"

Fairy Godmother: "You are the worst-looking frog I've ever seen."

Prince: "I am not a frog. I am the Frog Prince,"

Narrator 3: said the Prince, getting a little annoyed.

Prince: "And I need someone to turn me back into a frog so I can live happily ever after."

Fairy Godmother: "Well, I'm on my way to see a girl in the village about going to a ball, but I suppose I could give it a try. I've never done frogs before, you know."

Narrator 1: And with that the Fairy Godmother waved her magic wand, and turned the Prince into a beautiful... carriage. The Prince couldn't believe his rotten luck. The sun went down. The forest got spookier. And the Prince became more and more frightened.

Prince: "Oh what an idiot I've been. I could be sitting at home with the Princess, living happily ever after. But instead, I'm stuck here in the middle of this stupid forest, turned into a stupid carriage.

Narrator 2: The Prince thought these terrible, frightening kinds of thoughts, until far away in the village, the clock struck midnight. The carriage instantly turned back into his former Prince self, and the Frog Prince rushed to his own castle.

Princess: Where have you been? I've been worried sick. Your dinner is cold. Your clothes are a mess."

Narrator 3: The Prince looked at the Princess, and kissed her.

Narrator 1: They both turned into frogs, and they hopped off happily ever after.

4. 브레멘 음악대(Bremen Town Musicians)

<줄거리>

'브레멘 음악대'는 그림 형제(Brothers Grimm)가 쓴 고전 동화이다. 인간을 위해 일만 하다가 늙어 버린 당나귀, 개, 고양이 그리고 수탉은 주인의 학대와 수모를 견디며 하루하루 힘들게 버텨 냈지만 결국 버림받게 된다. 그들은 농장을 떠나 자유로운 땅 브레멘으로 가서 자신들이 원하는 음악을 하면서 남은 삶을 즐기기로 결심한다. 그런데 브레멘으로 가는 길에 하룻밤 묵을 장소를 찾던 중, 빛이 새어 나오는 집을 보  게 되고, 맛있는 음식과 보물이 가득한 그 집 안에 네 명의 도둑들이 훔친 전리품을 감상하는 것을 목격한다. 그들은 도둑들을 내쫓기 위해 꾀를 내고, 네 마리 동물이 내는 소리에 놀란 도적들은 모두 도망가 버린다. 그 덕분에 동물들은 집을 차지하고 좋은 음식을 먹을 수 있게 된다. 하지만 그날 저녁, 달아난 도둑들은 집 안을 다시 한 번 살피기 위해 동료 한 명을 보낸다. 어두운 집 안에서 그는 고양이의 빛나는 눈을 보지만 그는 그것이 촛불일 거라 생각한다. 바로 그때 고양이는 그의 얼굴을 할퀴고, 개는 그의 다리를 물고, 당나귀는 그를 발로 차며, 수탉은 문 밖으로 그를 내쫓는다. 그는 동료들에게 자신이 마녀에게 잡혀 죽을 뻔했다고 하면서 자신이 겪은 일을 전한다. 자신이 집에 들어가자 무시무시한 마녀가 긴 손톱으로 자신을 할퀴었으며, 도깨비가 칼로 자신을 베었고, 거인이 둔기로 자신을 내리쳤고, 용이 천장 꼭대기에서 울부짖었다고 말한다. 결국 도둑들은 집을 포기하고 네 마리 동물은 그곳에서 서로를 의지하며 행복하게 여생을 보냈다.

text	Bremen Town Musicians		
character	Donkey, Cat, Dog, Rooster, Robbers		
Lesson Plan			
1막	이야기와 친해지기		스토리텔링 혹은 동영상 보기로 내용을 확인한다. 모둠별로 이야기를 한 토막씩 말해 보도록 한다. 핵심 그림과 문장카드를 매치하는 게임을 한다.
2막	동물 특징 표현 활동		동물의 특징을 조사한다. 동물 얼굴 만들기 활동
	감정 이입 활동		이야기 속 동물들의 감정을 상상해 본다.
	대본 읽기1		사건이 나뉘는 부분을 기준으로 전반부 대본 읽기를 지도한다.
3막	새로운 음악대 구성 활동		모둠별로 선택한 동물로 음악대를 구성해 본다.
	대본 읽기2		후반부 대본 읽기를 지도한다.
4막	드라마게임	추측게임	상자에 넣어둔 물건을 손으로 만져 맞히는 게임을 한다.
		귓속말 게임	그림을 보고 설명한 것을 맞히는 게임을 한다.
		"만약에"게임	우리 모둠이라면 도둑을 어떻게 물리칠지 생각해 본다.
5막	연습 및 발표		모둠별로 가장 맘에 드는 장면을 선택, 연습하여 전체 공연이 되도록 한다.
	새로운 대본 작성		3막의 활동을 바탕으로 새로운 대본 쓰기를 할 수 있다.

1막. 이야기와 친해지기

이야기의 내용을 확인하는 단계로, 학생들이 〈브레멘 음악대〉 이야기를 아는지 확인한다. 만약 학생 대부분이 이 책의 내용을 알지 못한다면 간단하게 교사가 스토리텔링을 해 주거나 이야기 동영상을 보여 준다. (https://www.youtube.com/watch?v=K5gr-A03RFM 참고) 이후 모둠별로 한 토막씩 이야기하도록 해서 이야기 순서를 확인한다. 이야기를 알고 있는 학생들이 많을 경우, 준비한 주요 장면에 따라 이야기 순서를 바로 확인하고 그림과 그림을 설명하는 문장카드를 매치하는 활동을 할 수 있다.

2막 1장. 동물 특징 표현 활동

모둠별로 당나귀, 고양이, 개, 수탉의 특징을 생각해 보도록 한다.(크기, 울음소리, 인간과의 관계 등을 중심으로 생각해 보도록 조언한다.)

1회용 종이 접시를 활용해 각 동물을 표현해 보고, 접시 안쪽을 이용해서 특징을 적어 보도록 한다.

2막 2장 감정 이입 활동

당나귀, 고양이, 개, 수탉이 인간에게 당한 일에 대해 각 동물의 느낌이 어떠했을지 그림(얼굴 표정), 몸짓 또는 글로 표현해 보는 시간을 갖는다. 이때 이용할 수 있는 문장 표현을 제시해 준다.(feel sad, feel terrible, kill my master, try to run away….)

If I were a cat, I would_____.

If I were a dog, I would like to _____.

2막 3장. 대본 읽기 활동 1

대본을 둘로 나누어 전반부 읽기를 시작한다.(177쪽 대본 참고) 브레멘 음악대를 결성하는 부분과 도둑들과 대치하는 부분에서 전반부 리딩을 중심으로 한다.

3막 1장. 새로운 음악대 구성 활동

모둠별로 새로운 음악대를 만들어 본다. 모둠별로 동물을 선정하고 각 동물들이 음악대에 참여하고자 하는 이유도 생각해 보고, 음악대 이름도 지어 보도록 지도한다. 각 동물의 성격과 특징도 정하고 각 동물은 어떤 악기를 연주하게 될지도 정한다. 이것은 이후 새로운 대본을 만들어 보는 활동으로 활용할 수도 있다.

3막 2장. 대본 읽기 활동 2

대본 후반부 읽기를 시작한다. 동물들이 도둑들을 놀라게 했던 장면을 그림, 혹은 정지 장면으로 표현해 보도록 한다.

4막 1장. 추측 게임

검은 상자 안에 손을 넣고 어떤 물건인지 추측해 보는 드라마 게임을 해 본다. 도둑이 캄캄한 방에 침입해 당나귀, 개, 고양이, 수탉을 알아보지 못하고 자신이 생각한 대로 다른 도둑들에게 전하는 부분의 경험을 이해할 수 있는 게임이다. 활용할 수 있는 언어 표현을 미리 제시해 주는 것을 잊지 말자.

It feels _____. It feels like _____.

(slime/ sticky/ hard/ soft/ hot/ cold/ squashy….)

4막 2장. 귓속말 릴레이 게임

모둠별로 한 사람이 이상한 그림을 보고 귓속말로 설명하고, 마지막 사람이 그림으로 그려 내는 드라마 게임을 해 본다.

4막 3장. '만약에' 게임

우리 모둠에서는 어떻게 도둑을 쫓아낼지 의견을 모아본다.

5막 1장. 연습 및 공연

대본 읽기를 지도하고 모둠별로 원하는 부분을 나눠서 합동 연극 무대를 만들어 본다.

5막 2장. 대본 비교 활동 및 대본 쓰기 활동

3막의 활동을 바탕으로 새로운 대본 쓰기를 할 수 있다. 추가 활동으로 다른 버전의 대본을 소개해서 비교해 보는 시간을 계획할 수 있다.

BREMEN TOWN MUSICIANS

* 중급 수준의 학습자를 위한 대본. 중간에 전반부와 후반부를 화살표(→)로 구분하였다.

Parts: Narrators(4), Donkey, Dog, Cat, Rooster, Robbers(3)

Narrator 1: Once upon a time a donkey worked long and hard for his master.

Narrator 2: As the years went by the donkey grew old and weak.

Narrator 3: One day the donkey heard his master say that he was going to get rid of him.

Narrator 4: When the donkey heard this he said...

Donkey: I will run away to the town of Bremen. I have a strong voice. I will become a fine singer.

Narrator 1: So the donkey left the farm and headed down the road to Bremen.

Narrator 2: By and by the donkey met an old dog.

Donkey: Good morning, Dog! How are you this fine day?

Dog: I am old and weak. My master wants to get rid of me. I don't know what to do.

Donkey: Why not come with me to the town of Bremen? Together we can be fine musicians.

Narrator 3: So the dog and the donkey headed down the road.

Narrator 4: By and by they met a cat.

Dog: Hello, Cat! How are you this fine day?

Cat: I am old and weak. My master wants to get rid of me. I don't know what to do.

Donkey: Why not come with us to the town of Bremen? Together we can be fine musicians.

Narrator 1: So the cat, the dog, and the donkey headed down the road.

Narrator 2: By and by they met a rooster.

Cat: Hello, Rooster! How are you this fine day?

Rooster: I am old and weak. My master wants to get rid of me. I don't know what to do.

Donkey: Why not come with us to the town of Bremen? Together we can be fine musicians.

Narrator 3: So the rooster, the cat, the dog, and the donkey headed down the road.

→ → →

Narrator 4: The animals walked all day but they did not reach the town of Bremen.

Donkey: Come, my friends. Let's rest under this big tree for the night.

Narrator 1: The rooster flew up into the tree to get a look around.

Narrator 2: Suddenly he called out...

Rooster: We are in luck my friends! I see a light. Perhaps there is a house for us to sleep in.

Narrator 3: The animals followed the rooster to the light. There they found a little house.

Narrator 4: The donkey peeked in the window.

Narrator 1: The donkey saw a band of robbers inside the little hose.

Narrator 2: The robbers were so busy counting their money that they did not see the donkey.

Donkey: My friends we must think of a way to frighten those robbers away.

Narrator 3: It wasn't long before the animals had hatched a good plan.

Narrator 4: The donkey stood on his hind legs.

Narrator 1: The dog climbed on the donkey's shoulders.

Narrator 2: The cat climbed onto the dog's back.

Narrator 3: The rooster perched on top of the cat.

Narrator 4: And then the animals call out...

Donkey: Hee haw! Hee haw!

Dog: Woof! Woof! Woof!

Cat: Meow! Meow! Meow!

Rooster: Cock-a-doodle-doo!

Narrator 1: The noise scared the robbers.

Narrator 2: The robbers dashed out of the little house and ran away.

Narrator 3: The four musicians went inside the house.

Narrator 4: There they ate and ate until they were full.

Narrator 1: Then, it was time for bed.

Narrator 2: The donkey slept in the soft grass in the yard.

Narrator 3: The dog slept behind the front door.

Narrator 4: The cat slept near the warmth of the fireplace.

Narrator 1: And the rooster slept high on a bookshelf.

Narrator 2: After a while, the

robbers returned to finish eating their feast.

Robber 1: That noise was probably just the wind. Besides, I can't wait to eat the rest of that roast beef!

Robber 2: I can taste those mashed potatoes now!

Robber 3: I'll go first just to make sure it's safe.

Narrator 3: So the robber went inside.

Narrator 4: He was cold, so he went to the fireplace to warm himself.

Narrator 1: There he surprised the cat, who scratched his face.

Narrator 2: The robber ran to the front door.

Narrator 3: The dog was startled and bit his leg.

Narrator 4: The robber ran outside.

Narrator 1: He tripped over the donkey, who kicked him.

Narrator 2: All of this noise woke the rooster up.

Rooster: Cock-a-doodle-doo! Cock-a-doodle-doo!

Narrator 3: The robber ran back to his friends.

Robber 3: There are four horrible monsters in there!

Robber 1: Four monsters!

Robber 2: Let's get out of here!

Narrator 4: And the robbers ran off, never to be heard from again.

Narrator 1: But the four musicians stayed there.

Narrator 2: They sang every night in Bremen.

Narrator 3: They became the famous Bremen Town Musicians!

Narrator 4: The end!

BREMEN TOWN MUSICIANS

* 고급 수준의 학습자를 위한 대본. 중간에 대본 리딩 지도 전반부와 후반부를 화살표(→)로 구분하였다.
* From *Folk & Fairy Tale Plays for Building Fluency*
(Carol Pugliano-Martin, 2010)

Parts: Narrators(3), Donkey, Dog, Cat, Rooster, Robbers(3)

Narrator 1: Once there was a donkey. He worked hard for his owner for many years.

Narrator 2: But the donkey grew old. He could no longer work hard. One day he heard his owner talking about him.

Narrator 3: He said he was going to get rid of the donkey.

Donkey: (worried) Oh, no! What will happen to me? I must run away. I'll go to Bremen. There I can be a fine musician.

Narrator 1: So the donkey left that night.

Narrator 2: He had not gone far when he saw a dog lying on the ground.

Narrator 3: The dog looked weak. The donkey knelt down to speak to the dog.

Donkey: What is the matter, my friend?

Dog: (sadly) Ah, me. Now that I am old and weak, I can no longer hunt. My owner wants to get rid of me. I got scared, so I ran away.

Donkey: You can come with me to Bremen. I am going to be a

musician. Will you join me?

Dog: I'd love to! I can bark very pleasant tunes.

Narrator 1: And so, the donkey and the dog set off for Bremen.

Narrator 2: Soon, they saw a cat sitting by the road.

Narrator 3: The cat had the saddest face the donkey and the dog had ever seen. They stopped to find out what was wrong.

Dog: Hello there. Why so glum?

Cat: Ho, hum. Now that I am old and my teeth are not sharp, I cannot catch mice. My owner wants to get rid of me. I don't know what I will do.

Donkey: You'll come to Bremen with us, that's what! We are going to become musicians. Won't you join us?

Cat: Sure I will! I love to meow.

Narrator 1: The three musicians walked along some more.

Narrator 2: They came to a farmyard. There they heard a rooster crowing sadly.

Donkey: My, you sound so sad. What is wrong?

Rooster: I used to crow to wake up the farmer each morning. But he just bought an alarm clock. Now he doesn't need my crowing so he wants to get rid of me. Now I'm a cock-a-doodle- don't!

Dog: Come with us to Bremen. We're going to be musicians.

Cat: With your fine crowing, we'll make a wonderful group!

All: Off we go to Bremen Town.

→ → →

Narrator 1: The four musicians walked until it got dark.

Narrator 2: Finally they saw a

sign that said Bremen Town.

Narrator 3: They danced with excitement but they were also very tired. They wanted to rest.

Narrator 1: They saw light coming from a little house up the road.

Narrator 2: They walked up to the window, but none of the animals were tall enough to see inside.

Narrator 3: So, the dog stood on the donkey's back, the cat stood on the dog's back, and the rooster stood on the cat's back and peeked inside.

Dog: What do you see, Rooster?

Rooster: I think there are three robbers in there! They are sitting at a table full of delicious-looking food!

Cat: Food? I'm starving! What shall we do? We must get them out of that house!

Donkey: I have a plan. Listen closely.

Narrator 1: The rooster whispered his plan to the others.

Narrator 2: All of a sudden, the four began singing. They made quite a noise.

Narrator 3: When the robbers heard the animals, they ran out of the house screaming!

Narrator 1: The four musicians went inside the house.

Narrator 2: There they ate and ate until they were full.

Narrator 3: Then, it was time for bed.

Narrator 1: The donkey slept in the soft grass in the yard.

Narrator 2: The dog slept behind the front door.

Narrator 3: The cat slept near the warmth of the fireplace.

Narrator 1: And the rooster slept high on a bookshelf.

Narrator 2: After a while, the robbers returned to finish eating their feast.

Robber 1: That noise was probably just the wind. Besides, I can't wait to eat the rest of that roast beef!

Robber 2: I can taste those mashed potatoes now!

Robber 3: I'll go first just to make sure it's safe.

Narrator 1: So the robber went inside. He was cold, so he went to the fireplace to warm himself.

Narrator 2: There he surprised the cat, who scratched his face.

Narrator 3: The robber ran to the front door. The dog was startled and bit his leg. The robber ran outside.

Narrator 1: He tripped over the donkey, who kicked him. All of this noise woke the rooster up.

Rooster: Cock-a-doodle-doo! Cock- a - doodle-doo!

Narrator 2: The robber ran back to his friends.

Robber 3: There are four horrible monsters in there! One scratched me with its long nails. Another bit me. Another kicked me. And the fourth one screamed, "Coming to get yooouuuuu!"

Robber 1: Four monsters!

Robber 2: Let's get out of here!

Narrator 3: And the robbers ran off, never to be heard from again.

Narrator 1: But the four musicians stayed there. They sang every night in Bremen, where they became the famous Bremen Town Musicians!

8장 주제 중심 영어 연극 수업

　주제 중심 언어 학습법이란 특정 주제 혹은 아이들에게 흥미로울 만한 주제를 선정하여 주제 학습과 언어 수업을 통합하여 운영하는 방법을 말한다. 아이들은 자기가 관심이 있고 흥미로운 것에 보다 집중하는 경향이 있다. 따라서 학습의 주제는 학습의 결과로 이어진다고 볼 수 있다. 주제와 관련된 다양한 활동을 하면서 아이들은 언어 수업을 통해 타교과와 연계된 학습이 가능하며, 주제 관련 정보를 찾고 이해하는 과정에서 보다 목적성 있는 언어 사용의 기회를 가지게 된다. 아이들이 선호하고 재미있어 하는 주제로 운영하는 언어 수업은 상대적으로 우호적이고 편안한 학습 분위기가 형성되고, 주제와 관련된 정보에 대한 학습, 생각과 의견의 교환이 중심을 이루기 때문에 새로운 언어를 실험적으로 사용해 보려는 강한 동기 부여가 이루어진다. 학습자의 수업 참여가 상대적으로 높고, 유연한 수업의 운영 틀이 되면서 동시에 풍성한 언어 환경을 제공할 수 있다는 점에서 교사에게도 매력적인 언어 교수 방법이라 할 수 있다.

1. 스노우맨(The Snowman)

<줄거리> 스노우맨은 레이먼드 브릭스(Raymond Briggs)의 원작 그림 동화를 1982년 영국의 런던 TVC에서 극장용 단편 애니메이션영화로 제작한 것이다.

눈이 내린 어느 날 한 소년이 눈사람을 만든다. 소년은 눈사람에게 눈, 코, 입 등을 만들어 주고 모자를 씌우고 목도리를 둘러 준다. 그날 밤 소년은 그 눈사람이 움직이는 것을 알고는 집 안으로 데려온다. 소년과 눈사람은 집안 곳곳을 돌아다니며 재미있게 놀다가 눈사람에게 이끌려 하늘을 날아서 북극으로 간다. 거기에서 여러 나라에서 온 눈사람과 산타클로스를 만나 즐거운 한때를 보내고 선물도 받는다. 새벽이 되어 집으로 돌아온 소년은 눈사람과 작별인사를 한다. 그다음 날 아침에 소년은 목도리와 모자만 남겨진 채 녹아 버린 눈사람을 보게 된다.(두산백과 참조)

〈수업 계획〉 The Snowman을 활용한 과정극

text	The Snowman	* https://www.youtube.com/watch?v=HHCZhUZXhZU
character	a boy, the snowman	
Lesson Plan		
활동1	브레인스토밍	눈사람에 관한 단어를 떠올려 마인드맵 작성하기 눈사람 만드는 방법 떠올리기 눈사람 만드는 방법 영상 보기 마인드맵에 새로운 단어 추가하기
활동2	눈사람 만들기	모둠별 눈사람을 만들어 소개하기
	인터뷰하기	상대 모둠의 눈사람 인터뷰하기
활동3	읽기 활동	눈사람 관련 시 읽기
	쓰기 활동	시 써 보기
활동4	영상 감상하기	'The snowman' 감상하기
	내용 파악 활동	이야기 순서 맞히기 활동
	쓰기 활동	말풍선에 들어갈 말을 작성하기
활동5	쓰기 활동	협동 대본 쓰기
	대본 연습	역할을 분담하고 연습한다.
	모둠 발표	연극 발표
활동6	확장 활동	등장인물이 되어 Snowman에게 편지 쓰기
	평가	활동에 대한 전반적 평가

* 여기서 제시된 6단계 활동은 교사의 재량에 따라 8~10차시로 수업할 수 있다.

활동 1

1) 〈The Snowman〉 영상의 스틸 컷을 보고 내용을 예측한 후 눈사람에 관한 단어를 브레인스토밍 한다. 다양한 마인드맵을 이용해 표현을 정리하고 이후 활동을 통해 배운 단어와 표현도 계속 추가하도록 지도한다.

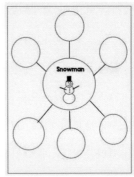

2) 눈사람과 관련된 낱말과 표현을 가능한 한 많이 접할 수 있도록 다양한 자료를 공유한다. 예를 들어 눈사람을 만드는 방법에 대한 영상을 보고 마인드맵에 새로운 내용을 추가해 본다.(http://www.youtube.com /watch?v=JFSHyLctwjQ)

3) 학습자의 언어 수준에 따라 다양한 활동을 추가할 수 있다. 예를 들어 눈사람이 살아난다면 무엇을 할지 상상해 본다든가, 눈사람에게 묻고 싶은 질문 만들기 활동 등을 해 볼 수 있다. 교사는 활동 중에도 새로운

만약 눈사람이 살아 있다면, 눈사람과 무엇을 하고 싶나요?
(If snowman is alive, what do you want to do with him?)

ex) I want to play snowballs with him.
　　I want to give a muffler to the snowman.
　　I want to go skating with the snowman.
학생1. I want to play snow fight.
학생2. I want to make another snowman with him.
학생3. I want to make an igloo for the snowman.
학생4. I want to make a snowman house.

교사는 학생들이 눈사람과 할 수 있는 일을 생각하도록 적절한 modelling을 해 주었고, sentence starter로 I want to~를 제시했을 때 위와 같은 학생들의 반응이 나타났다.

단어나 표현이 소개되면 각자의 마인드맵을 확장하도록 지도한다.

활동 2

1) 모둠별 활동으로 눈사람을 창의적으로
만들어 보도록 한다. 교사는 학생들에게
눈사람을 만들 때 다양한 재료를 사용
하고, 크기나 색깔, 모양, 장식을 특색
있게 꾸며 보도록 주문한다. 만든 눈사람

에게 이름도 붙이고 자기가 만든 눈사람이 좋아하는 음식, 취미, 특기 등
을 지어내도록 한다.

2) 완성된 상대 모둠의 눈사람을 서로
다른 모둠이 인터뷰하는 시간을 갖는다.
이름이 무엇인지, 좋아하는 음식, 싫
어하는 계절 등 〈활동1〉의 추가
활동에서 했던 질문을 활용하여
인터뷰한 후, 상대방 모둠의 눈
사람을 소개하는 시간을 갖는다.

활동 3

1) 눈사람과 관련된, 또는 눈과 관련된 시를 읽어 본다. 예를 들자면,
"A Chubby Little Snowman"을 함께 읽고 시행에 따라 몸동작을 결부하
는 전신 반응 활동 수업(TPR)으로 몸을 풀며 본 수업을 준비시킨다.

전신 반응 활동(TPR) 수업의 예: 동시 "A Chubby Little Snowman"

A chubby little snowman	뚱뚱함을 표현하기 위해 배 주위에 두 손으로 원을 만든다.
Had a carrot nose.	두 번째 손가락으로 코를 가리킨다.
Along came a bunny.	주먹 쥔 상태에서 손가락 두 개를 폈다 접었다 하며 토끼를 만들고 팔을 위 아래로 흔들어 토끼가 깡충대는 것을 표현한다.
And what do you suppose?	손바닥을 위로 향하고 어깨를 들썩한다.
That hungry little bunny	배고픈 표정으로 배를 문지른다.
Looking for his lunch	손으로 눈썹 위를 가리고 두리번거리며 무엇인가를 찾는 척한다.
Ate that snowman's carrot nose	한 손으로는 토끼를 만들고 다른 한 손은 코에 대고 당근이 되게 한다.
Nibble, nibble, CRUNCH!	한 손으로 표현한 토끼가 코에 댄 다른 한 손 (당근)을 두 번 조금 물다가 마지막으로 크게 무는 것을 표현한다.

http://www.songsforteaching.com/hughhanley/achubbylittlesnowman.htm

One small snowflake fluttering down—
that's all you need for a snowman.
two more snowflakes....
three flakes... four...
....
a couple of bottle caps
round and flat—
stick them under
a snowman's hat.

SURPRISE!
Snowman's eyes!

from *All You need for a Snowman*

2) 눈사람과 관련된 이야기를 읽고 생각을 나누는 시간을 갖는다. Schertle의 *All You need for a Snowman*(2002)을 이용하면 눈사람과 관련되어 자주 나오는 어휘나 표현을 접할 수 있다. 책을 소리 내어 읽는 활동과 책에 따라 눈사람을 만들어 보는 활동을 병행하면 좋다. 경쟁이 나쁜 것은 아니지만 협동이 더 좋다는 교훈을 주는 *The Biggest Snowman Ever*(Steven Kroll, Scholastic), 열대 지방으로 휴가를 떠나는 눈사람 에피소드를 담은 *Snowman in Paradise*(Michael Roberts, Scholastic)도 다뤄 볼 만하다.

3) 마지막에는 눈사람과 관련된 시를 써 본다. 아동 학습자의 언어 능력을 고려해서 형태시(Shape poem)를 쓰도록 해서 자연스럽게 교실 환경을 꾸밀 수 있는 일석이조의 효과를 기대할 수 있다. 형태시는 문법의 규제를 덜 받으면서 아이들이 창의적 글쓰기를 시도해 볼 수 있고, 어휘나 표현 능력이 부족한 학습자들도 단순한 단어 배열만으로도 쓸 수 있어 활동에 적극 참여할 수 있다는 장점이 있다.

또한 삼행시와 비슷하게 단어의 첫 글자를 이용한 글쓰기인 두운시(Acrostic poem) 쓰기를 활용해도 좋다.

〈눈사람 두운시의 예〉

교사의 예시	모둠쓰기의 예
Suzy the Snowman	Steve the Snowman.
Needs black beans for eyes	Nose is
Orange carrot for a nose	Orange and bright
With chocolate buttons, but	Wearing a warm muffler
Messy Mouse	Melting
Ate all food	Away
Nothing left.	Now he is gone.

활동 4

1) 〈The Snowman〉 동영상을 본다. 이 영상물은 무성영화이기 때문에 장면마다 기억나는 물건이나 동작을 주의 깊게 관찰하면서 보도록 지도한다. 영상 시청이 끝난 뒤 교사는 특정 장면에서 기억나는 동작이나 물건을 말해 보도록 해서 어휘 목록을 더 늘려 간다.

2) 앞서 본 영상물의 내용을 상기하며 이야기 순서를 맞히는 활동을 한다. 교사가 준비한 10컷의 그림을 배열한 다음 그림 밑에 그림의 내용에

말풍선에 대화 넣어 보기 활동의 예

적합한 문장을 쓰거나 미리 준비된 문장카드와 매치하는 활동을 한다.

3) 말풍선을 포함한 다섯 컷 정도의 그림을 더 준비하여 그림 안의 인물들의 대화를 예상하여 적어 보는 활동은 재미있을 뿐만 아니라 이후 대본 쓰기 수업을 준비시키기에도 좋다.

활동 5

협동 대본 쓰기를 한다. 완성된 대본으로 역할을 분담하여 연습을 한 후 간단한 연극을 해 본다. 모둠별로 기본 이야기 틀은 같지만 각 모둠별 생각을 담아낸 대본 쓰기를 하기 때문에 모둠마다 조금씩 다른 연극을 준비하게 되고 결과물에 대한 상호 평가도 가능하다.

활동 6

확장 활동으로 극 속 주인공의 입장에서 눈사람에게 편지 쓰기를 한다.

Dear Snowman
Hello. I'm boy
Hello snowman nice to meet you. we're meet the Santa clous. It's very fun. It's un believable. Next time, I will make you again, and I will make another snowman. Next time we play snowballs, we make a your house and I put on coat to you too. Good buy~ see you next time~ buy buy!! I will remember you~~ (sic)

* 〈눈사람에게 편지 쓰기 활동의 예〉 눈사람을 주제로 한 과정극 수업을 한 후 6학년 남학생이 쓴 편지를 교정 없이 제시했다.

◆ 현장 교사의 목소리

눈사람을 주제로 한 영어 연극 수업을 마치고

"저는 6학년 학생들과 함께 〈The Snowman〉으로 9주간 영어 연극 수업을 운영해 보았어요. 9주의 수업은 학습자의 자발적인 참여를 통해 자신감 발달을 확인할 수 있는 시간이었어요. 학생들은 여러 차시에 걸친 눈사람을 주제로 한 수업 활동을 통해 극 활동에 필요한 어휘나 표현에 자연스럽게 반복적으로 노출되었고 대본 쓰기 활동에 이르러서는 본인들이 전달하고자 하는 내용을 능동적으로 만들어 내더라고요. 미리 주어진 대사가 아니라 영상물의 주요 장면을 스틸컷으로 만들고 거기에다 말풍선을 만들어 등장인물이 할 대화를 구성하도록 하는 방법은 학습자 자신이 가장 중요하다고 생각하는 부분을 대사로 만들어 낸다는 점에서 의미가 있을 뿐만 아니라, 대본을 만드는 것에 대한 막연한 두려움을 느끼던 학생들도 삽화의 도움으로 보다 쉽게 대본을 만드는 작업에 참여하게 되었답니다." (교사 A)

"학생들은 삽화와 문맥 등 다양한 단서와 6차시에 걸친 활동을 통해 이미 가지고 있는 경험 및 배경지식을 활용하여 유의미하고 창의적인 대화를 구성하더라고요. 외워서 발화하는 기존의 역할놀이와 비교했을 때, 자신이 스스로 구성한 대본을 활용하니 자발적으로 역할에 몰입하여 읽는 모습을 보였고요. 또한 유창하고 세련된 대사는 아니라도 표현하고 싶은 욕구와 더 나아지려는 욕구가 많이 드러나더라고요. 적절한 문맥을 제공한 과정극은 의사소통을 할 수 있는 실제적인 구조를 제공하고, 교실 밖에서 언어를 사용할 기회가 적은 우리나라 학생들에게 의미 있는 언어 경험의 기회를 제공할 수 있다는 확신을 가지게 되었어요. 특히 일상의 대화는 일정하고 연속적인 구두 대화로만 이루어지는 것이 아니라 상황에 따라 달라지기 때문에 문맥 없이 의사소통 구문을 반복적으로 외우고 연습하는 것은 진정한 의미의 의사소통 능력을 개발하는 데 한계가 있다는 점을 느끼고 있었는데, 이번 수업을 통해 학생 모두가 참여하여 스스로 대화를 만들어 가는 과정극은 진정한 의미의 대화를 경험하도록 이끌 수 있다는 점을 확인했어요." (교사 B)

"학습자가 원활하게 대본을 작성하도록 교사는 눈사람이라는 주제와 관련된 다양한 자료를 제시함과 동시에 자주 쓰는 어휘 목록을 만들고 반복적으로 노출하는 방법이 무엇보다 중요한 것 같아요. 눈사람에 관해 떠오르는 내용을 마인드맵으로 그리고, 눈사람을 만드는 영상을 본 후 새로 알게 된 내용을 추가하도록 한 활동이나, '눈사람이 살아난다면 무엇을 하고 싶은가?'라는 주제로 토의를 한 후 4가지를 적어 보도록 하는 활동은 모두 활동 5의 대본 작성에서 학습자가 자신감을 가지고 과제 수행을 하는 데 큰 도움이 되었어요. 마지막으로 대본을 작성하고 연극을 한 후, 학습자 자신이 영상물의 주인공이 되어 눈사람에게 편지 쓰기를 한 활동은 과정극 활동의 연장선상에서 극 경험을 토대로 이루어졌기에 보다 진정성 있는 글쓰기가 되었답니다. 학습자는 마인드맵에서 떠올린 단어를 토대로 문장을 만들어 냈고, 이 문장을 다시 전체 텍스트를 쓰는 데 적극 활용하더라고요. 이런 경험에 비추어 볼 때 교사는 미리 자주 활용할 어휘 목록을 예상하여 준비하고, 이러한 어휘에 반복적으로 노출할 수 있는 활동 계획을 세우는 것이 중요한 것 같아요." (교사 C)

2. 계절(Seasons)

〈수업 계획〉 Seasons를 주제로 한 과정극

Topic	seasons	
character	Spring, Summer, Winter, Fall	
Lesson Plan		
활동 1 (도입)	계절 모둠 구성하기 계절 관련 자료를 활용한 생각 키우기 마인드맵을 활용한 단어와 표현 익히기	
활동 2	그림이나 영상을 보고 소리풍경 생각해 보기 PWIM 활동 계절을 표현하는 정지 화면 구성	
활동 3	책 읽기 활동 단어 게임: 단어 테니스(Word Tennis) 또는 단어 스피드 퀴즈	
활동 4	쓰기 활동	모둠 그림 활동 계절에 할 수 있는 활동 쓰기 만약 어떤 계절이 없다면 무슨 일이 벌어질까?
활동 5	season survey season pizza 만들기	
활동 6	대본 활동	Who is Most Important
	평가	활동에 대한 전반적 평가

활동 1

1) 모둠 정하기

생일에 따라 모둠을 구성한다. 12월에서 2월에 태어난 아이들은 겨울, 3월에서 5월 사이에 생일이 있는 아이들은 봄, 6월에서 8월은 여름, 9월에서 11월에 태어난 아이들로 가을 모둠을 구성한다.

※ 모둠의 인원수를 매번 똑같이 할 필요는 없다. 예상 밖의 모둠 구성이 주는 매력을 십분 활용할 필요가 있다.

2) 계절 관련 자료

동영상, 책, 신문기사, 잡지 등을 활용하여 아이들의 계절에 대한 생각 모으기 자료를 준비한다. 자료를 선택할 때는 영어와 한국어로 된 것을 모두 자유롭게 사용한다. 언어보다는 아이들의 생각을 확장시킬 수 있는 흥미 있는 내용을 담은 것으로 선별한다.

〈필요 어휘〉

WINTER : snow, snowman, ice, cold, sled, coat and gloves, white

SPRING : rain, flower, rainbow, pour, blossom, bright, warm, umbrella and rain boots, green

SUMMER : Sun, heat, hot, ice-cream, shower, vacation, beach, swim, bathing suits, blue

FALL : colored leaves, cool, wind, blow, sports day, field trip, orange, yellow. red, brown

사계절과 관련한 동영상 자료의 예

4 Seasons in a Year: https://www.youtube.com/watch?v=hSshYqDrKTo

Season song: https://www.youtube.com/watch?v=8ZjpI6fgYSY

The Seasons song: https://www.youtube.com/watch?v=H32W-6CKdfk

3) 다양한 마인드맵을 이용해서 단어와 표현을 정리하고 이후 활동을 통해 배운 단어와 표현도 계속 추가하도록 지도한다.

활동 2

1) 각 계절에 대한 영상 혹은 그림을 보고 소리풍경(Soundscape, 97쪽 참고)을 만들거나, 계절에 관한 노래를 듣고 들은 내용이나 느낌을 그려 보도록 한다.

Seasons Song

Here we go, oh, oh

Seasons of the year

Here comes the spring with the rain pouring down

Here comes the spring with the flowers in the ground

Here comes the spring with the rainbow in the sky

Here comes the spring to bring new life

Here comes the summer with the heat from the sun

Here comes the summer with the kids having fun

Here comes the summer with the warm breeze

Here comes the summer with the trees so green

Here comes the fall with the leaves changing color

Here comes the fall with the climate getting cooler

Here comes the fall with the leaves falling down

Here comes the fall with the wind blowing loud

Here comes the winter with the ice and the snow

Here comes the winter with the freezing cold

Here comes the winter with the days getting shorter

Here comes the winter with the nights getting longer

(https://www.youtube.com/watch?v=8ZjpI6fgYSY)

2) PWIM(Picture Word Induction Model)을 활용해 계절에 대한 다양한 지식을 나타내 본다. PWIM는 제시된 그림에서 학습자가 알고 있는 모든 지식을 나타내서 개별화된 지식을 연계하여 종합하는 과정을 통한 학습이다. 그림을 보고 학습자가 이미 알고 있는 어휘나 표현을 적도록 하고, 그것을 바탕으로 스펠링 교육을 포함, 문법적 요소도 가르칠 수 있고, 분류 및 문장 구성 방법 등을 효과적으로 지도할 수 있다.

3) 모둠별로 계절을 표현할 수 있는 정지 장면을 생각해서 몸으로 나타내 보도록 한다. 간단한 악기나 소리를 내서 비발디의 '사계'처럼 계절을 악기로 표현해 보는 활동도 흥미롭다.

활동 3

1) 책 읽기 활동: 계절과 관련된 책을 가능한 많이 접할 수 있게 한다.

〈계절을 주제로 하는 책 예시〉

	A Book of Seasons (Alice Provensen, Random House Books for Young Readers, 1976) 계절을 대표하는 풍경과 활동이 잘 소개된 책이다. 겨울에 대한 소개로 시작해서 눈이 녹고 꽃이 피는 봄으로, 그리고 여름, 가을로 이어지는 계절의 순환을 아이들 캐릭터로 친근하게 보여준다. 짧은 문장으로 설명하기 때문에 아이들과 공유하기 좋은 책이다. "Winter is here. Put on your boots. Find your mittens. You can build a snowman."
	Snow Rabbit Spring Rabbit (Il Sung Na, Knopf Books for Young Readers, 2013) 한국인 동화작가이자 삽화가인 나일성씨의 작품인 이 책은 서정적인 텍스트와 매력적인 동물 이미지가 어우러지면서 겨울에서 봄으로의 계절 변화를 설명한다. 특히 같은 계절에도 서로 다른 생활을 하는 동물들의 모습을 보여 주면서 아이들의 생각을 키워 준다. "Some fly away from cold. Some have a long cozy sleep where they live. While some have a thick, cozy coat... they can stay in the snow."
	Four Seasons Make a Year (Anne Rockwell, Walker Childrens, 2004) 매년 반복되는 계절인 것 같지만, 계절은 매번 새로운 놀라움과 즐거움, 새로움으로 무장하고 우리를 찾아온다는 점을 일깨워 주는 책이다. 스토리가 있는 계절 책으로, 계절에 따라 한 농장에서 벌어지는 재미있는 이야기를 다루고 있다.

2) 계절을 대표하는 단어를 모둠별로 한 장의 종이에 한 단어씩만 여러 장 마음껏 적어 보라고 한다. 모둠별로 한 장씩 내놓으면서 단어를 발화

한다. 마지막까지 단어가 적힌 종이를 가지고 있는 모둠이 게임에서 승자가 된다. 이 게임은 모둠 활동 및 짝 활동이 가능하다.

3) 단어 설명 스피드 퀴즈를 해 본다.

A: We use this to protect ourselves from rain or sun.
B: Umbrella?
A: That's right!

B: It's a time when we do not go to school and we are free to do what we want to do.
A: holiday?
B: This word starts with 'v'.
A: Vacation.
B: That's right.

활동 4

1) 그림으로 표현하기: 계절별 모둠 활동으로 4장의 도화지를 붙여서 커다란 나무를 그린다. 그러고 나서 각 모둠은 원래 자신의 도화지를 가지고 가서 자신들의 계절을 나무에 나타낸다. 이 활동 역시 4인으로 구성된 모둠별 활동도 가능하고 4모둠 협동 활동으로도 활용할 수 있다. 또한 4장의 도화지에 똑 같은 밑그림을 주고 계절에 맞게 표현하도록 하고 완성된 그림을 하나로 모아 교실 벽에 전시한다.

※ 모둠마다 똑같은 준비물을 주지 않는다. 예를 들어 색연필을 사용해서 그리기 활동을 하는 수업에서 모둠마다 색깔을 한두 개씩 빼고 주면서 필요한 색은 상대 모둠에 영어로 물어봐서 빌려 쓰도록 한다.

〈예시〉

A: Do you have a red?/ Can you lend me a red?

I need a red to color the apples.

B: Yes. Here you go.

2) 각 계절에 할 수 있는 일을 적어 본다.

〈예시〉

We can <u>plant flowers and trees</u> in spring.

We can <u>swim in the pool</u> in summer.

We can <u>collect many fallen leaves</u> in fall.

We can <u>build a snowman</u> in winter.

3) 만약 특정 계절이 없다면, 어떤 일이 벌어질지 생각을 모아 본다.

〈예시〉

If we didn't have a spring, <u>we would not see beautiful blossoms any more.</u>

If we didn't have a summer, <u>we would not have summer vacation any more.</u>

If we didn't have a fall, <u>we could not collect fallen leaves any more.</u>

If we didn't have a winter, <u>we would not see a snowman any more.</u>

활동 5

1) 계절 조사 게임으로, 자신이 좋아하는 계절을 종이에 적고 친구들이 좋아하는 계절을 서로 묻도록 한다. 반 친구들 이름이 적힌 종이에 좋아하는 계절이 같은 친구에 스티커를 붙인다. 조사가 끝나면 좋아하는 계절이 같은 친구들로 모둠을 구성한다. 해당 계절을 왜 좋아하는지 이유를 묻고 종이에 적는다.

〈예시〉

What season do you like best? Do you like spring?

Why do you like spring?

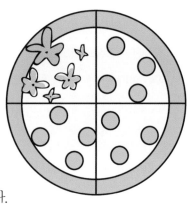

2) Season Pizza를 만들어 본다. 미리 준비한 피자 그림판에 자신이 원하는 토핑을 포스트잇에 그리거나 적어서 붙여 보도록 한다. 그러고 나서 친구들끼리 서로 다음과 같이 질문하고 답하기를 해 본다.

〈예시〉

A: What season pizza did you make?

B: I made summer pizza.

A: What are your special toppings for your summer?

B: My toppings are watermelon, red bean ice dessert, beach and sunlight.

활동 6

Best Season Contest를 위한 대본을 작성하고 연습 후 간단한 공연을 준비해 본다. 사계절 모둠을 구성하고 그동안 했던 활동을 통해 자기 모둠의 계절이 왜 가장 중요한지를 논의한 후 대본을 만들어 공연한다.

〈예시〉 Who Is Most Important?

Judge : Who is most important?

Spring : I'm the most important season.

　I can (have/ make) _____.

　I can (have/ make) _____.

Summer : No, no, no!

　I'm the most important season.

　I can (have/ make) _____.

　I can (have/ make) _____.

Fall : No way!

　I'm the most important season.

　I can (have/ make) _____.

　I can (have/ make) _____.

Winter : How dare you say you are most important? I'm the most important season.

　I can (have/ make) _____.

　I can (have/ make) _____.

Judge : Hmm... it is not easy to choose one. Oh, there are _____. Which season do you think is most important?

Farmer : _____.

Wife : _____.

Boy : _____.

Girl : _____.

Judge : Who is most important?

Audience : Every season is important!

〈The end〉

극의 구조는 어느 계절이 가장 중요한지를 정해야 하는 문제로 시작해서, 모든 계절이 다 중요하다는 결론을 이끌어 내도록 정한다. 그러기 위해 전반부는 서로 중요하다는 계절의 의견을, 후반부는 각 계절의 중요함을 증명하거나 거들 수 있는 인물들의 대사로 구성하면 된다.

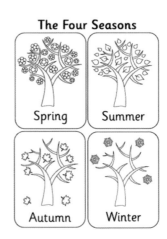

봄, 여름, 가을, 겨울을 의인화할 때 계절의 특징을 바탕으로 여성 혹은 남성으로 의인화하여 대본 리딩할 때 참고한다. 예시 대본에서 각 계절을 옹호할 인물을 농부, 농부의 아내, 그리고 그의 아들, 딸로 설정했지만, 나무, 꽃, 돌 혹은 동물 등으로 바꿔서 대본을 써도 좋다.

3. 음식(Food)

음식은 종류의 다양성만큼이나 풍부한 수업 자료를 제공한다. 일단 아동 학습자에게 매우 호감을 주는 주제이면서 동시에 교사 입장에서 자료를 구하거나 수업을 구성하기에 상대적으로 용이하다. 초콜릿, 아이스크림, 피자, 김밥 등등을 주제로 각 음식을 만드는 과정, 음식 관련 책 읽기, 쓰기 활동, 만들기 활동뿐만 아니라 good food vs. bad(junk) food와 같은 토론 수업까지 이끌어 낼 수 있다. 여기에서는 샌드위치를 소재로 연극 수업을 구성하는 방법을 소개하고자 한다.

〈수업 계획〉 Food를 주제로 한 과정극

Topic	Food (Sandwich)	
Lesson Plan		
활동 1	어휘 활동과 모둠 형성	음식 관련 어휘 활동 좋아하는 음식 설문조사
활동 2	샌드위치 놀이	Sandwich 관련 노래 듣고 부르기 Silliest Sandwich 만들기
활동 3	읽기 활동	<Giant Jam Sandwich> 전반부 읽기 문제 해결 예측 활동 <Giant Jam Sandwich> 후반부 읽기
활동 4	쓰기 활동	샌드위치(평면) 만들기 샌드위치에 없애고 싶은 것을 쓰기 쓰기 결과 발표
활동 5	대본 쓰기	전차시 활동을 바탕으로 대본 쓰기 지도 대본 리딩 연습 및 발표
활동 6 (선택사항)	공연 준비 및 시연	활동 5에서 잘된 대본을 선정, 교사의 수정 후 학생들이 연습해서 공연을 준비한다.

활동 1

1) 음식 이름을 말해 보도록 한다. 아이들이 말한 음식 이름을 포스트 잇에 적어 보라고 한다. 커다란 종이에 테두리로 앞치마 모양을 만들고 교사는 기준을 주고 기준에 맞는 음식을 적은 학생들은 나와서 붙여 보도 록 한다. 예를 들어 알파벳 P를 기준으로 주고 P로 시작하는 음식을 적은 학생에게 나와서 앞치마에 붙이게 한다. Pizza, Pie, Pancake 등을 적은 학생들은 교실 앞으로 나와 앞치마에 붙인다. 교사는 더 생각나는 음식이 있는지 확인한다.(Pasta, Pepperoni…)

2) 아이들이 서로 좋아하는 음식을 알아본다. 가장 좋아하는 음식을 생각하고 자기와 같은 음식을 좋아하는 친구를 찾는 대화를 유도한다. 좋아하는 음식이 같은 친구끼리 모둠을 형성한다.

활동 2

1) 유튜브에서 "Silly Super Sandwich Song"을 보고 모둠마다 동영상에 나온 하나의 샌드위치를 정해 내용물과 이름을 적어 본다.

2) 자기 모둠만의 "silly sandwich"를 만들어 발표해 본다. 발표한 모둠 가운데 "the silliest sandwich"를 뽑아 본다.

* http://www.youtube.com/watch?v=8IcIEyrf_WE 참조.

활동 3

1) 교사는 The Giant Jam Sandwich(John Vernon Lord, 1987)의 도입부를 읽어 준다. 제목과 겉표지는 보여 주지 않는다. 이 책은 Itching Down이란 마을에 말벌 떼가 출현하여 마을이 혼란에 빠지게 되고, 우여곡절 끝에 마을 사람들은 거대한 샌드위치 빵을 굽고 잼을 발라서 말벌 떼를 유인한 후 샌드위치를 만들어 벌 떼를 제거하게 된다는 이야기다. 협동을 주제로 하는 연극을 구성하기 좋은 소재이다. 여기서 도입부로 Itching Down이란 마을에 말벌 떼가 등장해서 마을 사람들을 괴롭히고, 사람들

이 당황하며 서로 벌 떼를 제거할 묘책을 제안하는 부분까지 읽어 준다. 이 책은 운율이 있고 짧은 호흡으로 쓰였기 때문에 끝음(rhyme)이 되는 마지막 단어는 학생들과 합창독으로 읽는 것이 집중에 도움이 된다.

One hot summer in itching Down,

Four million wasps flew into town.

They drove the picnickers away.

They chased the farmers from their hay.

Suddenly the sky was humming!

All four million wasps were coming!

They smelled that jam, they dived and struck!

And they ate so much that they all got stuck.

2) 만약 우리 동네에 말벌 떼가 출현했다면 어떤 대책을 세울지 모둠별로 토의해 보고 결과를 발표해 본다.

3) 책을 끝까지 읽어 본다. 자신의 모둠이 제시한 방법과 어떤 차이점이 있는지 비교해 본다.

활동 4

1) 도화지에 샌드위치 빵 두 쪽을 이어 그린다. 빵 위에 바르고 싶은 쨈 색깔을 칠하고, 빵 속에 제거하고 싶은 것을 3~4가지를 정해 그린 다음 단어를 적는다. 빵 한쪽 면에는 "In my giant jam sandwich, I caught _____ _____ _____."를 적도록 한다. 개인 활동 및 모둠 활동 둘

다 가능하다.

2) 완성된 샌드위치 빵을 책처럼 들고 친구들에게 자신이 없애고 싶은 물건을 읽어 준다. 예를 들어, "In my giant jam sandwich, I caught a spider, two mice, and three monsters."

활동 5

1) 책의 내용과 지난 활동을 바탕으로 대본 쓰기를 해 본다. 등장인물을 정하고 벌 떼 출현이란 문제를 해결하기 위한 토론 부분과 해결 방법을 토대로 대본 쓰기를 지도한다. 한글과 영어를 섞어 쓰도록 한다. 책이나 활동에서 노출된 영어는 적극적으로 써 보도록 격려하고, 대본의 구조를 맞추기 위한 부분은 한글로 작성하도록 한다.

2) 모둠을 구성해서 대본 읽기를 해 보도록 한다.

3) 좋은 대본은 교사가 영어로 바꿔서 특별한 기회에 연극으로 준비해 보도록 한다.

GIANT JAM SANDWICH

* 2015년 서부교육청 영어뮤지컬 대회 출품작으로 Giant Jam Sandwich를 각색한 연은초등학교의 대본이다. 이 대본은 연극에 참여한 학생들의 의견을 반영해서 작성된 것으로 여기에서는 일부 수정해서 참고용으로 제시했다.

〈Prologue〉

뉴스 포맷을 이용해 마을에 어떤 일이 벌어지고 있는지를 관객에게 빠르게 전달하는 방식을 택함.

Anchor : Hello everyone, I'm Sarah. Welcome to Yeoneun broadcasting news! I'd like to tell you about today's big news. In Yeoneun town, Wasps suddenly appeared. They gave people lots of trouble. Let's go over to our reporter Kim on the scene.

〈Scene 1〉

요리사, 간호사, 가수, 시장 부인 등 등장인물을 설정, 처음에는 말벌 떼 퇴치에 전혀 신경을 쓰지 않는다.

후방 스크린에 벌 떼 출현 장면을 띄우고 Wasps 4명(무대 왼쪽)과 Wasps 4명(무대 오른쪽)에서 사람들 사이를 빠르게 이동하면서 사람들을 괴롭힌다. Chef, Cook, Nurse 귀찮아하는 몸짓과 괴로운 표정을 짓는다. Reporter가 무대 중앙에서 Mayor를 인터뷰한다.

Reporter : What do you think about Wasps appearing? Is it serious?

Mayor : It is not a simple situation. Soon the Wasps' attack will be more serious. We need to make a plan!!

Villagers : (Everybody laughs at him)hahaha!

Reporter : (Going to Baker) What do you think about this?

Baker : Plan? No!! Baking a cake is better than a meeting!

Reporter : (Going to Nurse) What do you think about this?

Nurse : I'm so busy that I don't have time to hold a meeting!

Baker and Nurse : We are so busy...

Mayor : Oh! Wait!

Reporter : Oh! You are Yeonun P.I.N.K! What do you think about Wasps appearing?

Singers : Wasps? Soon they will disappear...We must practice! practice!

Singers 4, 5 : What's the next schedule?

Singers : Oh! We are late!! (Exit)

Reporter : Oh! Wait! (Exit)

(음악이 나오면 뒤돌아서 말벌 떼들이 무대 앞에 한 줄로 나란히 등장)

Wasps together: Stupid Humans! Yeoneun town will be ours soon! Hahaha!(laughing loud)

〈Scene 2〉

마을 사람들, Mayor, Secretary, Nurse, Mayor's wife, beggar, Cook, Chef가 등장하면서 뒤에 있는 의자에 앉아서 반원 모양의 회의 대형을 만들고, Reporter가 무대 가운데서 상황을 이야기한다. 각자 말벌 떼를 제거할 방법을 주장하는 가운데 혼란만 증가한다.

Reporter : I'm in Yeoneun villager's hall. As Villagers' discontent is growing, they are holding a meeting soon. I wonder what kind of ideas they will come up with.

Mayor : We have to find ways to

expel the Wasps! Please tell me your ideas!

Nurse : I will give them an injection.

Villagers : What? BOO....(have their thumbs down) I don't like that idea!

Mayor's wife : I'm gonna boil them up!

Villagers : What? Are you crazy? Boo! Don't make me laugh!

Singers : We will tempt Wasps with our amazing song and dance.

Villagers : What? That's impossible! hahaha!

Reporter : Everyone... Please stop!

Wasps attack!

Reporter : (lowers her head for a moment and tries to speak again) Soon a swarm of wasps are expected to start a big attack.

⟨Scene 3⟩

Wasp captain : (Standing in line and making an attack formation) Attack ready! Go!

Villagers : Oh my god! Help us!!

Wasp Goody, kicky : We are amazing wasps.

Wasp Sleepy, Baby : We are the best wasps.

Wasp Jina, Sally, Manager : We are the most powerful wasps in the world.

Wasps : No one can beat us!! Hahaha!

⟨Scene 4⟩

Anchor : Wasp attacks have become much stronger. Indeed, is there any way to solve this problem? Let's see what is happening!

Mayor : (몸을 부축하거나 힘들게 다리를 절며 등장 후 뒤에 준비된 의자에 앉는다) It's much harder when we are fighting each other. It won't do...

Mayor's wife : I think we'd better take a break! Let's have some bread and strawberry jam!!

Nurse : Oh! Wait! What do wasps like best to eat?

Villagers : Ahha! Strawberry jam!

Baker : Then how about making a very huge strawberry jam sandwich to kick them out? They'll go crazy when it comes to it!

Mayor's wife : We are going to make some big bread and Jam.

Singers : If we do it together, There will be no problem.

Mayor : Then do you agree?

Villagers : Yes!!

Mayor : Say! "We go together!"

Villagers : (cheer loudly) Yes!! "We go together!" Let's make a jam sandwich!!

〈Scene 5〉

Mayor : Then let's attract our mean wasps!

Wasp Goody, Manager : hmmm... it smells good! Oh! jam~ Oh no!!

Wasp Sleepy, Baby : I'm hungry. Oh! jam~ (trapped by jam) Oh no!!

Wasp Jina : Where are they going? (surprised by looking at jam) Oh, jam! (trapped by jam) Oh no!!

Wasp Kicky, Sally : Oh jam~ (run to jam and get trapped by jam) Oh no!

Wasp Captain : (running surprisingly) Oh my god! They all got trapped! (grabbing mayor's pants) We are so sorry. Please let us go.

Wasps : PLEASE! We are going to give a hand...not bullying. We will never do the same thing again!

Mayor : Then Villagers, What do you think about this?

Villagers : Hmm...(thinking) Give them a chance!

Wasps : Thank you so much!! We will be your good friends from now on!

Villagers, Wasps : (Everybody puts their hands up and shout) Good! Yeah!! Let's have a party! Let's have a sweet jam sandwich!

〈Giant Jam Sandwich〉 공연을 마치고

서울 연은초등학교 교사 이선민

1년에 걸쳐 아이들과 함께한 영어 연극 공연 준비는 연극에 참여한 학생에게도, 연극을 지도한 교사인 저에게도 연극을 새롭게 경험할 수 있는 계기가 되었어요. 특히 영어를 즐겁게 가르치고 배울 수 있다는 가능성을 직접 경험한 시간이었지요. 외국어인 영어를 수동적으로 공부하는 것이 아니라 수업의 주체가 되어 영어를 직접 사용해 보고 연극이란 틀 안에서 조금은 덜 불안해하며 비교적 즐겁고 자연스럽게 익혀 나가는 학생들의 변화하는 모습을 지켜볼 수 있었지요.

아이들은 연극 속의 인물이 되어 연기하는 것을 좋아하더라고요. 처음에는 자신이 맡은 역할의 대사를 모국어가 아닌 영어로 말하는 것을 어려워했지만 극중 인물의 상황과 감정을 이해하는 과정을 거치면서 영어와 연기가 자연스럽게 나아지더군요. 아이들은 수십 번 같은 대사를 반복하고 외우는 수고를 이겨내고 자기의 대사만큼은 정확히 영어로 표현할 수 있게 되었다는 성취감을 맛보았어요. 그중 몇몇 친구는 자기 대사가 아닌 다른 인물의 대사까지도 줄줄 외우더니 심지어는 극 전체의 대사까지도 거의 다 외우고 뿌듯해하더군요. 연극을 잘하고 싶은 아이들의 욕심이 영어라는 장애물도 거뜬히 넘어 보려는 강한 동기가 된 것 같았고, 스트레스를 받으며 힘들게 영어 공부를 하는 것이 아니라 즐겁게 영어를 배울 수 있는 기회를 제공했다는 생각에 지도교사인 저도 커다란 기쁨과 보람을 느낄 수 있었어요.

영어 연극을 준비하면서 아이들의 창의적 사고 개발과 인성 교육 측면에서도 연극의 긍정적 효과를 가늠해 볼 수 있었어요. 영어 연극 공연 준비는 각 장면을 어떻게 더 재미있게 표현할 수 있을지에 대해서, 그리고 자신들이 맡은 역에 적합한 목소리, 표정, 몸짓을 어떻게 하면 더욱 효과적으로 연기할 수 있을지에 대해서 아이들이 직접 고민하고, 생각을 공유하고, 결정하는 과정이었기 때문에 아이들의 능동적인 참여와 창의적 사고의 교류의 기회가 많았어요. 또한 연극은 혼자가 아닌 다수의 참여자가 완성하는 협동 수업이기에 조화와 조율, 배려하는 태도를 자연스럽게 습득하게 되더라고요.

영어 연극 지도, 결코 쉽지는 않았어요. 하지만 영어 연극을 통해 영어를 즐겁게 배우고, 창의적으로 자신의 생각을 펼쳐 가며 서로를 배려하고 그 속에서 나름의 크고 작은 발전을 해 나가는 아이들의 모습을 보며 교사로서 큰 보람을 느꼈고, 저 또한 교사로서 한 걸음 더 성숙하고 발전할 수 있는 의미 있는 시간이었다는 생각이 들었답니다.

9장 재미있는 대본 쓰기 수업

이 장에서는 대본을 쓰면서 교사가 참고할 만한 사항들을 기술하였다. 교사 스스로 좋은 대본을 고를 수 있는 안목과 대본을 잘 쓸 수 있는 능력을 갖추는 것의 중요성은 아무리 강조해도 지나치지 않다. 교사의 안목과 경험은 궁극적으로 학생들과 함께하는 대본 지도를 위한 디딤돌이 되기 때문이다.

1. 연극 대본 작성을 위한 조언

일반적으로 연극이 예술의 옷을 벗고 교육의 틀로 들어오면, 연극은 그 자체를 목적으로 하기보다는 연극 수업을 통해 무언가를 이루고자 하는 의도가 있다. 연극 수업을 통한 신체 활동 개발, 연극 수업을 통한 사회성 고취, 연극 수업을 통한 창의성 교육, 연극 수업을 활용한 심리 치료, 그리고 무엇보다 연극 수업을 통한 영어 학습 등이 그것이다. 하지만 연극은 그 경험을 공유하는 사람들을 웃게 만들고, 생각하게 만들고, 움직이게 만들고, 그 과정에서 상상력을 자극해서 무언가를 가르칠 수도 있는 물리적 시간적 공간이라 할 수 있다. 교육을 전면에 부각시키지 않더라도 자연스럽게 배움과 성장이란 결실을 얻게 된다. 또한 아이들과 공유할 대본을 작성하는 것은 연극이란 무대뿐만 아니라 그것을 넘어서 매우 의미 있는 일이다. 좋은 대본을 고를 수 있는 능력과 함께 교사 스스로 좋은 대본을 쓸 수 있어야 아이들의 대본 쓰기도 지도할 안목을 갖추게 된다.

1) 대본 작성 시 고려해야 할 열 가지

① 아이들의 흥미를 끌 이야기에는 악인이 등장해야 한다. 아이들은 본능적으로 남을 괴롭히거나 정당하지 않은 일을 하는 사람을 미워하고, 너무나도 자연스럽게 착한 주인공을

지지하고 응원하는 경향이 있다. 악과 선의 대립 갈등 구도는 자연스럽게 아이들을 흥분시키고 상황에 몰입하게 만든다.

② 아이들은 공포를 즐긴다. 아이들을 위한 대본이라고 해서 밝고 착하고 예쁜 것만을 담아낼 필요는 없다. 아이들은 연극이라는 가상 세계에

서 그려지는 잠재적 공포에 전율하며
몰입한다. 정의롭고 선한 것이 강하다
는 믿음으로 만들어지는 안전한 극적
공간에서 슬픔, 역경, 가난, 심지어 죽
음과 같은 어둠도 경험하고 생각해 볼
수 있는 기회를 가질 수 있다.

③ 아이들은 어른을 골탕 먹이려는 경향이 있다. 이런 아이들이 버릇
없다고 할 수는 있지만, 실제가 아닌 가상의 세계인 극적 공간에서 심심
찮게 아이들의 적으로 어른이 등장한다. 물론 여기서의 어른은 아이들을
괴롭히고, 아이들과 전혀 소통을 하지 못하고, 아이들의 세계를 이해하지
못하고 방해하는 나쁜 어른들이다.

④ 아이들은 반전을 즐긴다. 일반적으로 괴물과 도깨비 같은 캐릭터는
아이들에게 위협적인 존재로 나타나는 경우가 많지만 그런 무서운 괴물
을 아이들의 친구가 되길 원하는 소심한 존재로, 물고기를 잡아먹는 현실
의 상어를 물고기와 둘도 없는 친구로 등장시킬 때 몰입도가 높아진다.

⑤ 아이들은 장난을 즐긴다. 냄새 나는 양말, 팬티, 방귀, 똥과 같은 세
련되지 못한 대상들과 단어들의 등장에 웃을 준비가 되어 있다. 또한 반
복되는 어구나 과장된 표현에 보다 집중하는 경향이 있다.

⑥ 아이들은 움직임에 반응할 준비가 되어 있다. 대사만 생각하지 말

고 대사와 함께 어떤 동작이 병행되어야 하는지를 고려해서 대본을 써야한다. 아이들은 대사의 재미보다 움직임이 주는 재미에 더 몰입한다.

⑦ 아이들은 공주, 왕자를 주인공으로 하는 것보다 동물 혹은 의인화할 수 있는 사물을 주인공으로 하는 이야기를 더 선호한다. 또한 인물들도 고정되지 않고 발전 성장하는 인물이면 더 좋다. 예를 들어 어리석은 사람이 지혜를 얻게 된다든지, 악한 사람이 죄를 뉘우칠 기회를 얻는 등의 변화에 주목한다.

⑧ 아이들은 연극의 리듬 혹은 흐름에 민감하다. 특히 갑작스러운 분위기 전환은 아이들을 몰입시키고 이야기가 뻗어 나갈 수 있게 한다. 새로운 인물의 등장 혹은 사라졌던 인물의 재등장, 갑작스러운 전화벨, 혹은 문 두드림, 새로운 소식의 도착, 배경음악의 전환, 갑작스러운 장면 전환, 말 많던 등장인물의 갑작스러운 침묵 등은 기존의 연극 리듬을 잠시 멈추기 때문에 집중하게 만들고 관객들로 하여금 흥미로운 순간으로 퐁당 빠질 준비를 하게 한다.

⑨ 대사는 간단하고 명확하게 써야 하며 동시에 인물의 성격이 대사에 묻어날 수 있게 써야 한다. 예를 들어 "너무 추워 (It's so cold.)"라는 대사를 "코는 얼어 버렸고, 이빨은 덜덜 떨리고, 내 발도 얼고, 계속 재채기가 나(My nose is frozen, my teeth are chatter-chattering, my paws are freezing and I keep sneezing)"라고 풀어 썼다면 이 대사를 한 인물은 다소 수다스럽고 변덕스러운 성향을 지닌 인물이란 느낌을 줄 수 있다.

⑩ 기존 스토리에 있는 인물을 사용하면
다양한 극적 효과를 얻어 낼 수 있다.
예를 들면 Goldilocks는 곰 가족의
집에 들어가 죽도 먹어 보고, 의자에도
앉아 보고, 침대에서 잠도 자 볼 정도로
호기심이 많은 인물로, 혹은 주인도 없는
집에 들어가 집을 엉망으로 만든 무례하고
예의 없는 철부지 소녀로 부각시킬 수 있다. 흥부는 제비의 부러진 다리
를 고쳐 주었기 때문에 동물을 사랑하는 동물 애호가 역을 맡을 수도 있
고, 아기돼지 삼형제는 집 짓기 전문가 역을, 잭과 콩나무에 등장하는 잭
은 하루 만에 거대한 콩나무를 키울 만큼 뛰어난 실력의 정원사 역을 배
정할 수 있다.

2) 창작 대본 작성법

창작 대본을 쓸 때 가장 중요한 것은 개요 또는 시놉시스(Synopsis) 작
성이라 할 수 있다. 일단 개요가 준비되면, 그 이후엔 개요를 다듬어 가면
서 대사 쓰기로 진입할 수 있다. 따라서 대본 작성법은 개요 작성법이라
해도 과언이 아니다. 개요에는 주제, 등장인물, 이야기, 갈등 상황, 구조,
동작, 언어, 배경음악, 무대 배경, 무대 준비물 등이 언급될 수 있다. 여기
에서는 가장 핵심이 되는 주제, 등장인물, 이야기 구성 및 구조에 대해 설
명하고자 한다.

① 주제 및 배경 정하기

환경오염, 왕따, 우정, 협동 등 현실적 주제를 포함해서 다양한 주제를 생각해 본 후, 주제를 가장 잘 부각시킬 수 있는 장소와 등장인물들을 생각해 본다. 시각적으로 재미있고, 무채색의 환경보다는 다양한 색채감이 있는 장소, 기이한 일이 일어날 수 있는 마법적 공간 등을 잘 활용하면 좋다. 장소는 작은 비현실적 세계지만 현실을 투영시킬 수 있는 곳으로, 한밤중 장난감 가게라든가, 땅속, 정원, 인적 드문 숲 속 연못, 종이로 만들어진 종이 마을(Papertown), 초콜릿으로 만들어진 초콜릿 마을 등 상상력이 개입할 가능성이 많은 공간을 생각해 보고, 그곳을 채울 수 있는 등장인물들을 열거해 본다.

<주제 및 배경 선정의 예>

갓 구워진 생강빵(Gingerbread Man)이 새로운 사회의 구성원으로 성공적으로 받아들여지는 과정을 주제로 삼았다고 한다면, 이 주제를 가장 잘 부각시킬 수 있는 곳으로 부엌을 시작점으로 삼을 수 있다. 작은 세계지만 인간의 현실 세계를 투영시킬 수 있는 소우주와 같은 상징성을 부여할 수 있다.

② 등장인물 정하기

등장인물은 배경이 되는 곳과 가장 잘 어울리도록 선정한다. 꼭 사람을 등장인물로 한정할 필요는 없다. 아이들과 함께하는 연극에서는 오히려 인간이 아닌 다양한 사물을 이용하는 것이 더 효과적일 수 있다. 앞마당일 경우 곤충들로, 우주라면 외계 생명체로, 장난감 가게라면 당연히 장난감으로 구성한다. 일단 등장인물은 평범함 그 이상의 무언가가 있어야 한다. 특별한 고민거리가 있다든지, 남보다 더한 혹은 덜한 부분이 있어야 한다. 주인공에게는 극의 주인공이 될 수밖에 없는 상황이 주어진다. 〈오즈의 마법사〉의 주인공 도로시의 경우 집과 함께 갑작스러운 돌풍에 휩쓸려 날아가 버리는 바람에 집을 찾아오는 과정에 여러 사건과 인물을 만나게 되는 플롯을 가지게 되는 것처럼 말이다. 또한 극에는 주인공과 갈등 상황을 만드는 인물들이 등장해야 한다. 이러한 갈등과 역경을 거치면서 등장인물들은 무언가를 깨닫거나 배우게 되는 결과를 이끌어내야 한다. 등장인물들 중에는 유머러스함을 담당하는 희극적 조연이 있어야 하고, 문제를 해결할 결정적 단서를 제공해주는 인물도 생각해 놓아야 한다. 각 등장인물들은 다른 인물들과 쉽게 구별 가능한 독특함을 지니도록 구성해야 한다. 여성 남성의 비율을 고려한 인물 선정이 될 수 있도록 하는 것도 잊지 말자.

<등장인물과 이야기 구성의 예>
부엌이라는 공간에 어울릴 소금통(Salt)과 후추병(Pepper)을 등장인물로 삼을 수 있다. 소금통은 다소 수다스럽고 허풍 있는 남자 역으로, 후추병은 까다롭고 새침한 여자 역으로 해서, 소금은 생강빵에게 우호적인 인물로, 후추는 생강빵을 환영하지 않는 인물로 묘사한다. 하지만 결국 생강빵과 함께 문제를 해결한 뒤 생강빵

에게 우호적인 인물로 변화하는 구조를 만들 수 있다. 후추는 사람들이 재채기하게 만드는 특성이 있기 때문에 극에서 누군가를 공격할 수 있는 무기가 되어 문제해결에 중요한 역을 할 수 있다. 낡아서 거의 사용하지 않는 주전자(Teapot)는 사람들에게서 버림받았다는 생각에 고집스럽고 모가 난 성격을 지니게 된 인물로 설정한다면 생강빵이라는 새로운 인물과 좀처럼 거리를 좁히지 못하다가 점점 마음을 열어 가는 변화하는 인물로 그려 낼 수 있다. 부엌 선반에서 흔히 볼 수 있는 꿀병(Honey jar)이나 포크와 스푼도 등장인물로 만들어 이야기 진행을 돕도록 한다. 사건의 진행을 위해 매우 유용한 인물로 뻐꾸기 벽걸이 시계를 설정할 수 있다. 뻐꾸기는 목이 아파서 더 이상 시간을 알리지 못하게 되자 사람들에게 버림을 받을까 전전긍긍하는 역할을 주고, 이 문제를 해결하는 데 생강빵이 도움을 주도록 한다면, 새로운 사회에 소속될 수 있는 기회가 마련된다. 또한 외부적 위협을 주는 인물을 선정해야 하는데, 시간적 공간적 배경으로 사람들이 모두 잠든 부엌이기 때문에 쥐를 등장시키면 좋을 듯하다. 이 쥐는 부엌 식구들을 틈틈이 괴롭히는 존재이자, 치즈가 아닌 생강빵을 좋아한다. 따라서 부엌 식구들은 쥐로부터 생강빵을 지키기 위해 서로 협동하게 된다.

③ 이야기 구성

재미있는 이야기책을 읽을 때는 다음 장에 또 어떤 내용이 있을까 궁금해서 아이들이 계속 책장을 넘기게 되듯이, 대본을 쓰는 사람 역시 플롯의 진행과 반전을 통해 만족스러운 결말에 이르기까지 관객의 눈과 귀를 계속 사로잡을 수 있도록 하는 것에 집중해야 한다. 연극의 주제와 배경, 등장인물을 정한 다음에 생각해야할 것이 바로 스토리라인이다. 등장인물들에게 벌어질 상상할 수 있는 최악의 상황은 무엇일지, 해결되어야 하는 문제는 무엇이 있는지, 등장인물들은 어떤 바람을 가지고 있는지, 행복하고 만족스러운 곳이 어떤 외부의 변화에 위협받는 상황인지, 누군가 새로운 등장으로 생길 수 있는 사건인지 등등을 생각할 수 있다. 자칫 너무 다양한 스토리라인에 방향을 잃을 수도 있다. 이때 거꾸로 생각해 보기를 제안한다. 다시 말하자면, 결말을 미리 정하고 이 결말에 어떻게 이를지 고민해 본다. 어떤 장애와 갈등을 넘어 결말에 이를지를 역구성해 보는 것이다. 등장인물들은 항상 행복하고, 걱정 없는 상태의 삶을 공유하고 있지 않아야 한다. 내적 갈등 혹은 긴장과 현실적인 문제가 존재해야 하고 과정에는 이러한 문제가 극복될 수 있는 사건의 장치들이 포진해야 한다. 결론은 화해와 조화, 타협과 협동이라는 긍정적인 메시지를 전달할 수 있는 구성을 추천한다.

④ 구조

대본의 구조는 한눈에 훑어볼 수 있을 정도로 복잡하지 않아야 한다. 종이 위에 하나의 차트를 완성하듯이 단순하고 논리적인 뼈대를 기본으로 해야 한다. 대본의 처음은 효과적이면서 경제적으로 등장인물을 소개하고, 등장인물 간의 관계를 노출시키는 부분이다. 인물에 대해 단번에 정보를 주지 말고 사건과 연결해서 자연스럽게 인물의 성격과 상황을 노출시키는 것도 하나의 팁이다. 그리고 나서 이야기가 진행될 수 있는 갑작스러운 사건이 나타난다. 평온했던 마을이 벌 떼 공격으로 혼란스러워진다든지, 고요했던 숲 속 마을의 도로 공사 계획으로 숲의 동물들이 집을 잃는 상황이 된다든지 하는 다양한 '갑작스러움'을 준비해서 그 상황에 대처하는 인물들의 변화와 발전의 모습이 결국 대본의 구조를 형성한다.

3) 기존 이야기를 활용한 대본 작성법

창작 대본과 달리, 이미 등장인물이나 스토리, 구조가 있는 경우이기 때문에 목적에 따라 다양한 대본 작성이 가능하다. 여기에서는 언어 패턴 연습을 목적으로 하는 대본 작성, 기존 이야기의 주인공을 바꿔서 이야기를 꾸미는 대본, 기존 이야기 이후 이야기를 대본으로 작성하는 사례, 그리고 학습자의 언어 능력을 고려한 대본 작성의 예를 살펴보고자 한다.

① 언어 패턴 연습을 위한 대본 작성의 예

언어 패턴을 가르칠 목적으로 대본을 만들 수도 있다. 잘 알려진 이야기를 대본으로 각색하되, 지도하고자 하는 언어 표현을 강조하기 위해서 반복과 재미 요소를 충분히 고려해서 작성한다. 기존 이야기에 반복과 질문-응답식의 대사를 넣어 이야기가 주는 즐거움과 리듬감이 주는 재미를 맛볼 수 있는 대본이 된다.

GOLDILOCKS AND THE THREE BEARS

From *Jazz Chant Fairy tales* (Carolyn Graham, 1988)

Narrator 1: Once upon a time

there were three bears.

Narrator 2: Three what?

Narrator 1: Three bears.

Once upon a time

there were three bears.

Narrator 2: How many bears?

Narrator 1: Three bears.

Narrator 1·2: One (clap)

Two (clap clap)

Three bears.

Narrator 1: First there was the Mama, Mama Bear.

Narrator 2: M A M A. Mama Bear.

Narrator 1: Then there was the Papa. Papa bear.

Narrator 2: P A P A. Papa Bear.

Here comes Mama.

Here comes Papa.

Mama loves Papa.

Papa loves Mama.

Mama and Papa love Baby Bear.

Narrator 1:   Who loves Mama?

Narrator 2:   Papa loves Mama.

Narrator 1:   Who loves Papa?

Narrator 2:   Mama loves Papa.

Narrator 1:   One morning the three bears were

busy getting ready for breakfast.

Papa Bear: I'll make the porridge.

Mama Bear: I'll pour the milk.

Baby Bear: I'll set the table.

I'll set the table.

Narrator 1:   Who set the table?

Narrator 2:   Baby set the table.

Narrator 1:   Who poured the milk?

Narrator 2:   Mama poured the milk.

Narrator 1:   Who made the porridge?

Narrator 2:   Papa made the porridge.

Narrator 1·2: They all sat down and started to eat.

Baby Bear: Ow, wow! Hot, hot, hot!

Mama Bear: Ow, wow! Hot, hot, hot!

Papa Bear: Ow, wow! Hot, hot, hot!

② 주인공을 바꾼 대본 작성의 예

잘 알려진 이야기 주인공의 상황이나 인물 설정을 달리했을 때, 기존 이야기와 달라진 이야기가 서로 얽혀서 만들어 내는 독특한 재미를 이끌어 낼 수 있다. 사람을 곤충이나 동물로 바꾼다든지, 〈아기돼지 삼형제〉와 같은 동화에서 돼지를 코끼리로 바꾼다든지, 〈신데렐라〉 이야기에서 주인공을 여자가 아닌 남자로 바꾸면 기존 이야기 구조를 설계도 삼아 조금씩 변경할 수 있기 때문에 보다 쉽게 대본이라는 집을 지을 수 있다.

SPIDERELLA

From *12 Fabulously Funny Fairy Tale Plays* (Justin Mccory Martin, 2002)

이 대본은 <Cinderella>를 각색한 것으로 풍뎅이와 스파이더가 주인공으로 등장한다. 곤충의 다리가 6개인 것과는 달리 거미의 다리가 8개라는 과학적 사실이 이야기의 해결점과 연결되어 재미를 더한다. 원작처럼 풍뎅이 곤충인 이복 자매들이 거미인 Spiderella를 괴롭히고 일만 시키는데, 어느 날 요정 나방(Fairy Godmoth)의 도움으로 곤충들의 무도회에 가게 된 Spiderella는 매미 왕자를 만나 즐거운 시간을 보내게 된다. 하지만 원작처럼 12시가 되어 마법이 풀리자 8켤레 유리 구두만을 남기고 집에 돌아오고, 결국 매미 왕자는 8켤레 유리 구두의 주인을 찾아 Spiderella와 행복하게 살았다는 내용이다.

Narrator 1: Spiderella lived with her two ladybug stepsisters. The stepsisters were very mean.

Narrator 2: They were constantly making fun of Spiderella. They always made Spiderella do all the chores.

First Ladybug: We're both beautiful ladybugs. We have pretty spots and dainty wings. We have six legs. You have eight legs.

Second Ladybug: Yeah, you're weird, Spiderella. You have two extra legs. The only thing your extra legs are good for is doing housework.

First Ladybug: Put those extra legs to work. Sweep out the pantry! Clean up the kitchen!

Second Ladybug: We're ladybugs. We're too sweet and pretty to do housework. Besides, we might hurt one of our beautiful wings.

Narrator 1: Spiderella went about her work sadly. Her two mean ladybug stepsisters simply sat around the house chattering and gossiping.

Narrator 2: They were both very excited. There was going to be a big Bug Ball thrown by the Cicada Prince.

First Ladybug: I'm so excited. I want to look beautiful so that the Cicada Prince will fall in love with me.

Second Ladybug: I'm going to wear a lovely ball gown and the Cicada Prince will ask me to marry him.

Spiderella: I'd like to go to the Ball, too.

First Ladybug: That's the craziest thing I've ever heard. You have eight legs, not six. How would you even dance?

Second Ladybug: The only thing you're good for is cleaning and spinning webs. Go spin us gowns for the ball.

Narrator 1: The day of the ball arrived. The cruel ladybug stepsisters set off wearing the gowns that Spiderella had spun.

Narrator 2: Spiderella stayed home dressed in ragged clothing and doing chores. Spiderella washed and dried the dishes with her eight legs.

Narrator 1, 2: She was very sad.

Spiderella: Oh, I wish I could go to the Bug Ball. It would be so much fun.

Narrator 1: Spiderella was crying so hard that she didn't even notice that she had a visitor.

Narrator 2: It was a brown insect with wings and a tiny tiara. It was her Fairy Godmoth.

Fairy Godmoth: Why are you crying, Spiderella?

Spiderella: I wish I could go to the Bug Ball.

Fairy Godmoth: And you shall, my dear. I am your Fairy Godmoth and I will grant your wish.

Now, Spiderella, go and fetch an acorn.

Narrator 1: Spiderella picked out a nice round acorn.

Narrator 2: The Fairy Godmoth flapped her wings and the acorn turned into a tiny acorn coach.

Narrator 1, 2: It was drawn by four strong ants.

Spiderella: Thank you, Fairy Godmoth. What a wonderful way to travel to the Bug Ball. But I don't have anything to wear.

Fairy Godmoth: Don't worry, my dear. I will give you a beautiful outfit.

Narrator 1: The Fairy Godmoth flapped her wings. Suddenly, Spiderella's rags turned into a beautiful dress.

Narrator 2: The Fairy Godmoth flapped her wings one more time. Glass slippers appeared before Spiderella.

Narrator 1: There were eight of them, set up in a neat row.

Narrator 2: Spiderella put on the eight glass slippers and climbed into the acorn coach drawn by the four strong ants.

Spiderella: Well, I'm off to the Bug Ball.

Fairy Godmoth: Have a wonderful time, dear. But remember, be back home by the stroke of midnight. Otherwise, your acorn coach will turn back into an acorn and your gown will turn back to rags.

Narrator 1,2: At the Bug Ball, Spiderella had a wonderful time.

Cicada Prince: And now, I'd like to play a song for the most beautiful bug at the ball.

First Ladybug: He's walking right toward me.

Second Ladybug: You're bugging out, sis. He's obviously walking toward me.

Narrator 1: The Cicada Prince walked past the two ladybugs and stood directly in front of Spiderella. He began to rub his wings together and it made a lovely buzzing sound.

Narrator 2: Spiderella couldn't believe it. The Prince was playing a special song just for her.

Narrator 1, 2: She was the bug of the ball.

Cicada Prince (crooning): You're a beautiful bug. Together we could be snug. We could live in a rug. Or inside an old jug.

Spiderella (clapping her eight legs): What a lovely song.

Cicada Prince: Thank you. Would you care to dance the jitterbug with me?

Narrator 1: Spiderella and the Cicada Prince danced the jitterbug. But soon, Spiderella realized that it was nearly midnight.

Narrator 2: She scurried out of the ball, moving so quickly that she lost all eight of her glass slippers.

Narrator 1: The next day, the Cicada Prince traveled around the forest trying to find the beautiful bug that had captured his heart.

Narrator 2: He brought the eight tiny glass slippers with him. If he could find who they belonged to, he would have found his love bug.

Narrator 1,2: He knocked on the door of the home where Spiderella and the two ladybugs lived.

First Ladybug: Who is it? Who is it?

Second Ladybug: It's the Cicada Prince.

First Ladybug: Well, open the door.

Cicada Prince: Good afternoon, ladybugs.

First Ladybug: Hello, Prince. Can I get you a lump of sugar to chew on?

Second Ladybug: Hello, Prince. Can I get you a glass of bug juice?

Cicada Prince: No thank you, ladybugs. But I do have a favor to ask. Can each of you try on these glass slippers?

Narrator 1: The first ladybug stepsister tried on a glass slipper. But it was too small and didn't fit.

Narrator 2: But the second ladybug found that the slippers fit just fine.

Second Ladybug: There, I've put on all six slippers. I am your true love. Now give me a big fat cicada kiss.

Cicada Prince: Not so fast. There are eight slippers, not six.

First and Second Ladybugs: Eight slippers!

Narrator 1: Just then, the Cicada Prince noticed Spiderella. Spiderella looked rather familiar.

Narrator 2: He asked her to try on the glass slippers. They fit and she had the right number of legs, eight.

Narrator 1, 2: He'd found his love bug.

Cicada Prince: It's you. You are the beautiful bug from the ball. I love you. Say you'll be my little spider wife.

Spiderella: Of course I will, my prince. But I'd like to get rid of these glass slippers. They're really hard to walk around in.

Narrator 1, 2: And so Spiderella and the Cicada Prince lived happily ever after.

③ 아이들의 언어 능력을 고려한 대본 작성의 예

〈염소 삼형제〉 이야기의 줄거리를 요약하면 다음과 같다. 염소 삼형제가 다리 건너 풀이 많은 곳에 가서 살고 싶은데 다리 밑에 사는 Troll이 무서워 섣불리 다리를 건너지 못한다. 이에 세 마리의 염소는 꾀를 내서 제일 먼저 작은 염소가 자기 뒤에 더 큰 염소가 온다고 하며 다리를 건너고, 중간 크기의 염소는 건너면서 자신보다 훨씬 큰 염소가 온다고 하면서 다리를 건너고, 마지막으로 제일 힘센 염소가 다리를 건너도록 해서 Troll을 뿔로 받아 버리고 다리를 성공적으로 건너 풀이 많은 곳에서 배부르게 살 수 있었다는 이야기이다.

가. The Three Billy Goats Gruff

* *Play Time*(Julia Donaldson)에 수록된 읽기 대본으로, Narrator 없이 반복적인 대사로 이야기의 기본 골격만을 단순하게 제시해 비교적 쉽게 대본 읽기가 가능하다. 일반적인 읽기 연극과 달리 해설자 역은 없지만 대사 안에 모든 핵심 내용이 있고 해설자 없이도 이야기 전개가 매끄럽다.

Scene 1: Three Billy Goats Gruff are in a field by a bridge.	
The Troll is hiding under the bridge.	

Little	Hello! I'm Little Billy Goat .
Middle	I'm Middle-sized Billy Goat Gruff.
Big	I'm Big Billy Goat Gruff.
Troll	I'm a Troll.
Little	I like eating grass.
Middle	I like eating grass too.
Big	So do I.
Troll	I like eating goats!
Little	Big Billy Goat Gruff?
Big	Yes?
Little	I don't like this grass.
Big	Why not?
Little	It's all brown.
Big	You're right. It's not very nice.
Middle	But look at that grass over there. That isn't brown.
Little	No, it's green! Let's go and eat.
Big	Wait!
Middle	Why?
Big	To get to that grass we need to go over the bridge.
Little	So what?
Big	There is a troll under the bridge
Middle	A troll?
Big	Yes, and he likes eating goats.
Little	Help!
Middle	What can we do?
Big	Just let me think.
Little	I don't like trolls!
Middle	Ssshh! Big Billy Goat Gruff is thinking.
Little	Will he think of something?
Middle	Yes. Now shh!
Big	Come here! This is what we can do!　[They whisper together.]

Scene 2 : Little Billy Goat Gruff starts to cross the bridge. The Troll pops up.

Little	<on the bridge> Trip-trap, trip-trap, trip-trap.
Troll	Who's that trip-trapping over my bridge?
Little	It's me, Little Billy Goat Gruff.
Troll	You look good. I'm going to eat you!
Little	Oh, no, don't eat me! Wait for Middle-sized Billy Goat Gruff.
Troll	Why?
Little	He's bigger than me.

Troll	All right then. I'll wait for him.
Little	Trip-trap, trip-trap, trip-trap. Green grass, here I come!
Middle	<on the bridge> Clip_Clop, clip-clop, clip-clop.
Troll	Who's that clip-clopping over my bridge?
Middle	It's me, Middle-sized Billy Goat Gruff.
Troll	You look good. I'm going to eat you!
Middle	Oh, no, don't eat me! Wait for Big Billy Goat Gruff.
Troll	Why?
Middle	He's bigger than me.
Troll	All right then. I'll wait for him.
Middle	Clip-Clop, clip-clop, clip-clop. Hello, Little Billy Goat Gruff!
Little	Hello! Have some of this green grass.
Middle	Mmmmmmmm, it's so good!
Big	<on the bridge> Tramp-stamp, tramp-stamp, tramp-stamp.
Troll	Who's that tramp-stamping over my bridge?
Big	It's me, Big Billy Goat Gruff.
Troll	You look good. I'm going to eat you!
Big	That's what you think!
Troll	Why, what do you think?
Big	I think that I'm going to butt you!
Troll	Help! I'm falling into the river. Splosh!
Big	Tramp-stamp, tramp-stamp, tramp-stamp.
Little	Hello, Big Billy Goat Gruff! Have some of this green grass-it's so good.
Middle	Good old Big Billy Goat Gruff. I said he'd think of something and he did!
Big	That old Troll won't get us now!

나. The Three Billy Goats Gruff

* Narrator 위주의 읽기 연극 대본으로 책에
쓰인 문장들을 거의 그대로 대본으로 바꾼 경우이다.

Narrator1	Once upon a time there were three Billy goat brothers named Gruff.
Narrator2	The three Billy goats lived by a river.
Narrator3	Across the river was a meadow with tall green grass.

Narrator1	One day, the Billy goats wanted to cross the river to eat the grass.
Narrator2	But there was only one bridge across the river.
Narrator3	And under that bridge lived a mean, hungry troll.
Narrator1	The troll had eyes as big as saucers and a nose as long as a poker.
Narrator2	First the little Billy goat Gruff started across the bridge.
Narrator3	His little feet went trip trap, trip trap on the bridge.
Narrators	The troll heard the noise.
Troll	Who's that trip-trapping over my bridge?
Little	It is only I, the little Billy goat Gruff.
Troll	I'll eat you for my breakfast!
Little	Oh, please don't. I'm much too small. Wait until my big brother comes. He'd be a much better breakfast for a big troll like you.
Troll	Very well.
Narrator1	So he let the little Billy goat cross the bridge.
Narrator2	Next, the middle-sized Billy goat Gruff started across the bridge.
Narrator3	His middle-sized feet went trip trap, trip trap.
Troll	Who's that trip-trapping over my bridge?
Middle	It's only I, the middle-sized Billy goat Gruff.
Troll	I'll eat you for my breakfast!
Narrators	And he jumped on the bridge.
Middle	Oh, please don't. I'm much too small. Wait for my big brother. He'd be a much better meal for a big troll like you.
Troll	Very well.
Narrator1	So he let the middle-sized Billy goat Gruff cross the bridge.
Narrator2	Soon the big Billy goat Gruff started across the bridge.
Narrator3	His big feet went trip trap, trip trap.
Narrators	The bridge shook.
Troll	Who's that trip-trapping over my bridge?
BIG	It is I, the big Billy goat Gruff!
Troll	I'll eat you for my breakfast!
BIG	Oh no, you won't!
Narrator1	The big Billy goat ran at the troll and butted him into the river.
Narrator2	The troll was never heard of again.
Narrator3	The three Billy goats Gruff went into the meadow.
Narrators	They ate all the grass they wanted and lived happily ever after.

다. The Three Billy Goats Gruff

* Narrators와 등장인물의 대사 배분이 잘 이루어진 대본이다. 반복이 상대적으로 적고 다양한 언어 표현이 쓰이기 때문에 앞서 제시된 두 편의 대본보다는 어렵게 느껴진다. Narrator의 대본도 문장 단위로 끊은 것이 아니기 때문에 문장 구조에 대한 이해나 듣기 능력이 다소 높은 학습자에게 적합하다

Narrator1	Once there were three goats who lived on a hillside.
Narrator2	They were sad and very, very, very hungry.
Goats	(Pop up together) We are sooooo sad and hungry! (exit)
Narrator1	They were sad and hungry
Narrator2	because they had eaten all the grass on the side of the hill.
Narrator1	But on the other side of the hill, across the bridge,
Narrator2	there was lots and lots and lots of grass to eat.
Goats	(Pop up together) We should go over there. The grass over there looks greener!
Narrator1	But to go there they had to cross a wooden bridge.
Narrator2	Under that bridge an ugly troll lived.
Middle	Come on, let's go now.
Big	Yes, but what about that big, ugly troll that lives under the bridge? He will eat us as soon as we cross the bridge!
Middle	We have to find a way to cross that bridge.
Big	I know. Our little brother should go first.
Little	Me? Why don't you go first.
Big	Because you are the smallest. And I have a plan.
Little	You're right. I will go first.
Narrator1	So the Little Goat started to cross the bridge.
Narrator2	But the steps on the wood woke up the troll.
Troll	(jumping to the bridge) Who dares to go across my bridge!
Little	(trembling and scared) It's me, Little Billy Goat Gruff.
Troll	Then I will eat you.
Little	No, don't eat me, I'm too little! Wait for my big brother. He will be here soon, wait for him, please.
Troll	Hmm, I will wait for him, then. You may go.
Little	(leaves running) Thank you!
Narrator1	Soon the Middle Billy Goat came over the bridge.
Narrator2	The noise in the wooden bridge made the troll go up to the bridge.
Troll	Who dares to go across my bridge!

Middle	It is me, Middle Billy Goat Gruff.
Troll	Oh yes, your brother told me about you. I was waiting for you. He was right, he was too small for me. I am going to eat you!
Middle	Please, don't eat me! My other brother is coming after me, and he much bigger than me.
Troll	Really? He's bigger than you? Then I will wait for him.
Narrator1	Soon, the biggest Billy Goat Gruff came over the bridge.
Narrator2	The noise he made in the wooden bridge made the Troll go up to the bridge.
Troll	Who dares to go across my bridge!
Big	It's me, the Big Billy Goat.
Troll	I was waiting for you! I am so hungry that you will be my supper now!
Big	Oh, we will see that. It won't be easy, because I am stronger than you!
Narrators	So the Big Billy Goat Gruff put his head down, hit the Troll in the stomach, and threw him off the bridge.
Troll	(screaming) Ouch!
Narrator1	The Troll fell into the river and was never seen again.
Big	Come little brothers, it's time to eat our delicious green grass.
Narrator2	The Three Billy Goats Gruff finally tasted the sweet green grass they could only see from the other side of the hill.
Narrators	and they ate it until they were full.
Goats	BIG, MIDDLE, AND LITTLE GOAT: Mmmmmm, delicious!

2. 거꾸로 하는 영어 연극 수업에서의 대본 쓰기

대부분의 연극 수업, 특히 영어 연극 수업을 진행할 때는 텍스트를 출발점으로 삼는다. 텍스트는 언어 정보는 물론이고 연극 수업에서 손쉽게 이용할 수 다양한 극적 재료가 많이 포함되어 있다. 교사는 일반적으로 연극을 위해 텍스트에 익숙해지는 과정을 거치면서 극적 경험을 가능한 많이 할 수 있는 여러 장치를 생각하게 된다. 하지만 이번 장에서 소개할 연극 수업은 의미 있는 책 읽기가 될 수 있는 환경 조성을 위한 연극 활동 과정이라고 할 수 있다. 말하자면, 기존의 이야기를 연극으로 극화하는 과정이 아니라 연극 활동이 책 읽기에 대한 강한 동기 부여가 됨과 동시에 책의 의미를 확장하는 경험의 공간으로 만드는 과정을 소개하고자 한다. 연극 수업 속 읽기 수업이라 할 수도 있고, 대본 작성이 병행되기 때문에 읽기 쓰기 통합 지도를 위한 영어 연극 수업이라고 할 수도 있다. 하지만 교사와 학생들 간의 연극 활동을 바탕으로 대본 쓰기 및 책 읽기가 이루어지기 때문에 일반적인 연극 수업과 차별화하기 위해 거꾸로 하는 영어 연극 수업이라는 제목을 붙였다.

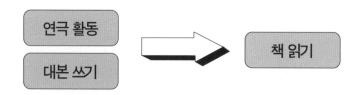

※ 클로드 부종의 〈파란 의자〉를 읽기 위한 연극 수업 계획

① 교사는 의자를 가리키며 무엇인지 물어보고, 의자로 무엇을 할 수 있는지 생각해 보라고 한다.

② 교사는 학생들에게 의자를 사용하여 할 수 있는 일을 의자를 직접 이용해서 몸으로 표현해 보도록 한다.

③ 의자 실루엣이 그려진 종이를 모둠별로 한 장씩 나누어 주고 무엇을 할 수 있을지 적어 보도록 한다. 모든 활동에 언어적 제한을 두지 않는다.(모든 활동은 학생과 교사의 언어 능력과 활동의 익숙함을 고려, 점차적으로 영어 사용을 늘려 간다.)

④ 모둠별 대본 쓰기를 위해 아래의 예시와 같은 대본의 틀을 제공한다. 교사는 상황에 대한 간단한 설명을 하고, 학생들은 등장인물과 배경을 정하고 그들이 의자를 가지고 할 수 있는 다양한 생각을 바탕으로 각자 자신이 맡은 인물의 대사를 만들어 보도록 한다. 그러고 나서 완성된 대본으로 간단한 연극을 해 본다.

⑤ 활동 후 〈파란 의자〉를 읽어 본다. 교사는 학습자의 언어 능력을 고려해서 영어로 텍스트를 번역해 제공할 수도 있다.

⑥ 미술 시간을 이용하여 멋진 의자 만들기를 하고 결과물을 전시해 본다.

⑦ 의자 디자인 공모전을 열기 위해 자신이 속한 모둠이 그린 의자에 대한 설명을 쓴다.(한국어/ 영어)

a flower chair   a chair for book lovers   a chair for children

〈대본 작성 예시〉

Rabbit	I found it <u>in the forest.</u>
	Do you know what it is?
Bear, Fox, Squirrel	Yes, it is a chair, a blue chair.
Rabbit	What can I do with this?
Bear	You can <u>sit on the chair like this.</u>
	(Bear sits on the chair.)
Fox	You can <u>hide yourself under the chair like this.</u>
	(Fox hides himself under the chair.)
Squirrel	You can <u>reach for the stars on the chair like this.</u>
	(Squirrel stands on the chair with her hands up in the air.)
Rabbit	Is that all for the chair?
Bear	No, the chair is a magic.
	<u>It can be a car.</u>
	<u>We can go around anywhere.</u>
Fox	The chair is a magic.
	<u>It can be a boat.</u>
	<u>We can float on the sea.</u>
	The chair is a magic.
Squirrel	<u>It can be a shield.</u>
	<u>We can protect ourselves from the monster.</u>
Rabbit	Wow. This chair is a real magic.
	Bring more chairs.
	We can make a choo-choo train.

* 밑줄 친 부분은 학생들이 자유롭게 바꿀 수 있도록 한다.

클로드 부종의 〈파란 의자〉(최윤정 역, 2004, 비룡소)

클로드 부종(1930-1972)은 프랑스
파리 출신 동화작가이다. 다소 무겁고
교훈적인 주제도 특유의 유머와 재치
로 부담 없이 풀어내는 부종의 이야기
는 진한 선으로 크로키처럼 그려 낸
경쾌한 삽화로 이야기의 맛이 더해진
다. 또한 익살맞은 캐릭터들의 과장된

표정과 독특한 성격은 아이들의 호기심을 일으키기에 충분하며, 곳곳에 묻어나는
아이다운 발상은 아이들에게는 공감대를, 어른에게는 풋풋한 자극을 준다. 『아름
다운 책』을 비롯해 『강철 이빨』, 『맛있게 드세요! 토끼 씨』, 『보글보글 마법의 수
프』, 『도둑맞은 토끼』 등 수십 권의 책을 직접 쓰고 그린 작가이자 일러스트레이
터이다.

〈파란 의자〉는 사막에서 에스카르빌과 샤부도가 한 번도 본적 없는 파란 의자
를 발견하면서 생긴 이야기다. 에스카르빌과 샤부도는 이 신기한 파란 의자를
가지고 수많은 놀이를 생각해 낸다. 하지만 상상력이 전무한 고지식한 낙타가
나타나 의자는 앉기만 하는 거라고 고집을 부리게 된다. 상상력 풍부한 아이들
과 고지식한 어른을 재치 있게 대비한 그림동화로서, 글자 수는 적지만 저학년
에서 고학년까지 다양한 사고 기술을 자극할 수 있는 책이다.

※ 〈괴물이 나타났다〉를 읽기 위한 연극 수업 계획

신성희의 <괴물이 나타났다>는 *Monster! Monster?* 라는 제목으로 영어판이 출간된 창작 동화이다. 2015년 볼로냐 국제아동도서전에도 출품되었다.

<괴물이 나타났다>는 소문이 만들어내는 오해와 상상의 재미를 유머와 재치로 풀어낸 그림책이다. 처음에 생쥐가 본 동물은 단지 '목이 길고 등이 굽은 이상한 동물'이었다. 이 동물은 고슴도치의 상상 속에서 '목이 길고 등이 굽고 가시가 난 이상한 동물'이 된다. 그리고 소문을 들은 동물들의 상상이 하나씩 보태져서 마침내 사자의 상상 속에서 그 이상한 동물은 괴물이 되고 만다! 겁에 질린 동물들은 모두 숨어서 그 괴물이 지나가기만을 바란다. 과연 어떤 괴물이 지나갈지 책 마지막 장을 빨리 열어 보고 싶어지는 책이다. 흑백의 정밀화와 같은 삽화가 주는 독특함과 신비로움이 책의 재미를 더한다.

① 교사의 설명대로 모둠별로 그림을 그려 보도록 한다. 교사는 괴물의 모습을 나타내는 지문을 설명과 동작으로 제시해 학생들이 다양한 표현에 익숙해지도록 한다.

〈예시〉

Here is a monster.

His(Her) name is _____.

It has three yellow goggly eyes.

It has five spiky horns on the head.

It has green stripes on the body.

It has sharp claws.

It has polka dots at the bottom of the belly.

It has green sharp teeth.

It has a blue nose.

It has a big orange mouth.

It has three furry tails.

② 눈을 가린 채로 불투명 봉지나 상자 안에 손을 넣어 상자 안의 물건을 만져서 설명해 보고 맞히는 게임을 한다. 느낌을 표현하는 단어를 다양하게 제시해서 발화하도록 지도한다.

- bumpy / rough 울퉁불퉁한, 거친

- chilly / cold / cool / icy 차가운

- lukewarm / tepid 미지근한

- warm / hot 뜨거운

- solid / hard 딱딱한

- tender / soft 부드러운

- damp / wet 축축한

- sharp 날카로운

- silky 매끄러운

- slippery 미끄러운

- fluffy 폭신폭신한

- sticky 끈적끈적한

③ 〈괴물이 나타났다〉의 앞부분을 읽어 주고 나머지 부분을 상상해 보도록 한다. 평온한 숲 속 마을에 어느 날 생쥐가 아주 이상한 동물을 보게 되고, 그것을 고슴도치에게 "목이 길고 등이 굽은 이상한 동물"이 나타났다고 전하는 책의 앞부분만 읽어 준다.

④ '귓속말 릴레이' 게임을 한다. 미리 준비된 이상한 모습의 괴물이나 물건을 그린 그림을 모둠의 한 사람만 보고 나서 나머지 구성원에게 차례로 한사람씩 귓속말로 전달한다. 맨 나중에 이야기를 전해 들은 구성원은 자신의 모둠의 괴물이 어떤 모습인지 들은 대로 말해 보는 시간을 갖는다.(이 게임을 하기 전에 자신이 본 그림을 다른 학생에게 몸으로 표현해

보는 '몸으로 말해요' 게임을 해 보는 것도 좋다. 특히 영어 발화가 어려운 학생들은 언어 말고 다른 수단으로라도 무언가를 표현하는 것에 익숙해지는 시간이 필요하다.)

⑤ 창의적 대본 만들기

아이들에게 이야기 구조를 차트화해서 제시한다. 책의 도입부와 비슷한 설정을 하기 위해 등장인물을 정해 본다. 6명으로 구성된 모둠별로 처음 이상한 동물을 발견한 동물, 그다음 첫 번째로 전달받은 동물, 두 번째, 세 번째, 네 번째로 전달받은 동물을 정한다. 그리고 각 동물이 괴물을 묘사하기 위해 어떤 대사를 할지 상의한다. 대사는 반복되도록 쓰고, 동물마다 하나의 묘사가 더해지도록 지도한다. 결국 괴물이라 생각한 동물을 확인할 수 있는 기회가 생기는데 마지막으로 괴물의 정체를 상의해서 결정한다.

<창의적 대본 작성의 예>

Narrator1	Once upon a time, various animal friends were living together in a peaceful forest.	
Narrator2	One day, a mouse saw a very strange animal. Startled, the mouse ran to an owl to tell her about it.	
첫 번째	<u>mouse</u>	Hey, <u>Ms. Owl.</u> There is an animal with <u>a long neck and a bent back.</u>
두 번째	<u>owl</u>	Excuse me, <u>Mr. Fox.</u> There is an animal with a long neck, a bent back, and _____.
세 번째	<u>fox</u>	<u>You know what, Brother Bear.</u> There is an animal with a long neck, a bent back, _____, and _____.
네 번째	<u>bear</u>	You said that you saw an animal with _____. He must be a monster. We need a place to hide.
Narrator1	Hiding deep in the forest with their eyes close tight, they waited for the monster to pass by.	
Narrator2	Finally _____ appeared and _____.	

⑥ 그림책 〈Monster! Monster?〉를 읽어 본다. 교사는 Narration 부분을, 학생들은 각 동물의 대사를 읽도록 해서 극적인 책 읽기를 한다. 그러고 나서 자신들의 대본과 다른 점 찾아 말해 보거나 차트를 만들어 보는 활동을 한다.

참고문헌

김정신(2013). 「동화기반 낭송극 활동이 초등영어 학습자의 의사소통능력 및 창의·인성에 미치는 영향」. 석사학위논문, 서울교육대학교.

김태영(2009). 「초등 고학년 학습자를 위한 반응활동 중심의 영어 수업 방안 모색: Readers' Theater를 중심으로」. 석사학위논문, 서울교육대학교.

김혜리(2015). 『아동 문학과 영어 교육』. 한국문화사. 서울.

김혜리(2013). 『그림책을 활용한 어린이 영어교육』. 교육과학사. 서울.

이노경(2009). 「사고 기술(Thinking skills) 개발을 위한 극 활동 영어수업 연구」. 『한국초등교육』, 20(1), 213-225.

이노경(2015). Suggestions for Development of a Primary English Teaching Model Based on Readers Theater. 『외국어교육연구』, 29(1), 한국외국어대학교 외국어교육연구소

이노경·이선영(2012). 「과정극(Process drama)을 활용한 초등영어지도 효과에 관한 연구」. 『한국초등교육』, 23(4), 243-262.

황선영(2011). 「모둠별 애니메이션 낭독극의 활용이 초등학생의 영어의사소통 능력과 정의적 영역에 미치는 영향」. 석사학위논문, 대구교육대학교.

Adams, W. (2003). *Institute book of readers theater: A practical guide for school, theater, & Community.* Chapel Hill, NC: Professional Press.

Alvino J. (1990). 'A glossary of thinking-skills terms', *Learning 18*(6), 50.

Atkinson, D. (1987). The mother tongue in the classroom: a neglected resource? *ELT Journal, 41*(4).

Bolton, G. (1986). *Selected Writings Gavin Bolton on Drama in Education.* New York: Longman.

Booth, D. (2005) *Story Drama: Creating Stories Through Role Playing, Improvising,*

And Reading Aloud. Portland, ME: Pembroke Publisher.

Brown, H. D. (2001). *Teaching by Principles. An Interactive Approach to Language Pedagogy* (2nd ed.). Addison Wesley, USA: Longman.

Bygate, M. (2001). Effects of task repetition on the structure and control of oral language. In M. Bygate, P. Skehan, & M. Swain (Eds.), *Researching pedagogic tasks: second language learning and testing*. Harlow, England: Longman Education.

Chard, D. J., Vaughn, S., & Tyler, B. (2002). A synthesis of research on effective interventions for building reading fluency with elementary students with learning disabilities. *Journal of Learning Disabilities, 35.*

Chomsky, N. (1980). *Language and Learning: The Debate between Jean Piaget and Noam Chomsky*. Cambridge: Harvard University Press.

Clipson-Boyles, S. (2012). *Teaching Primary English Through Drama*. New York: Routledge.

Cook, V. (2001). Using the First Language in the Classroom. *Canadian Modern Language Review, 57*(3), 402.

Doughty, c. & Williams, J. (1998). Pedagogical choices in focus on form. In C. Doughty & J. Williams (Eds.), *Focus on Form in Classroom L2 Acquisition*. New York: Cambridge.

Edigar, A. (2014). Teaching Second/ Foreign Language Literacy to School-Age Learners. In Murcia, A. M. Snow, & D. Brinton, (Eds.), *Teaching English as a Second or Foreign Language*. Boston, MA: Heinle & Heinle.

Ellis, R. (2003). *Task-based language learning and teaching*. Oxford: Oxford University Press.

Farmer, D. (2011). *Learning through Drama in the Primary Years*. Drama Resources.

Flynn, R. M. (2011). *Dramatizing the content with curriculum-based readers theater, grades 6-12*. Newark, DE: The International Reading Association.

Gatenby, E. V. (1965). Conditions for success in language learning. In H. B. Allen (Ed.), *Teaching English as a Second Language: A Book of Readings*. New York: McGraw-Hill.

Griffith, L. W., & Rasinski, T. V. (2004). A focus on fluency: How one teacher incorporated fluency with her reading curriculum. *The Reading Teacher, 58*.

Halliwell, S. (2004). *Teaching English in the Primary Classroom*. New York: Addison Wesley Longman.

Kao, S. & O'Neill, C. (1998). *Words Into Worlds: Learning a Second Language Through Process Drama (Contemporary Studies in Second Language Learning)*. Stamford, CT: Ablex Publishing Corporation.

Krashen, S. (1982). *Principles and Practice in Second Language Acquisition*. Oxford: Pergamon Press.

Kuhn, M. R., & Stahl, S.A. (2000). *Fluency: A review of developmental and remedial practices*. Ann Arbor, MI: Center for the Improvement of Early Reading Achievement.

Long, M. (1985). A role for Instruction in Second Language Acquisition: Task-Based Language Teaching. In K. Hystelstam, & M. Pienemann (Eds.), *Modeling and accessing Second Language Acquisition*. Cleverdon, UK: Multilingual Matters.

Millin, S. K., & Rinehart, S.D. (1999). Some of the benefits of readers theater participation for second-grade Title I students. *Reading Research and Instruction, 39*(1).

Nunan, D. (1995). *Language Teaching Methodology. A Textbook for teachers*. Prentice Hall Europe.

Nunan, D. (2004). *Task-based Language Teaching*. Cambridge: Cambridge University Press.

O'Neill, C. (2001). *Drama Worlds: A Framework for Process Drama*. Portsmouth, NH: Heinemann.

O'Neill, C. (2014). *Dorothy Heathcote on Education and Drama: Essential writings*. New York: Routledge.

Paradis, J. (2004). The relevance of specific language impairment in understanding the role of transfer in second language acquisition. *Applied Psycholinguistics, 25*.

Pham, H. H. (2001). A second look at the question of the ownership of English. *Teacher's Edition, 7*(4), 10.

Phan, L. H. (2008). *Teaching English as an international language: Identity, resistance and negotiation*. Clevedon, UK: Multilingual Matters.

Pikulski, J. J., & Chard, D. (2005). Fluency: bridge between decoding and reading comprehension. *The Reading Teacher, 58*.

Presseisen, B. Z. (1985). 'Thinking skills: Means and models', In Arthur L. (ed), *Developing Minds: A resourse book*, Alexandria, VA.

Rasinski, T. V. (2010). *The fluent reader: oral & silent reading strategies for building fluency, word recognition & comprehension*. New York: Scholastic Teaching Resources.

Richard, J. C., & Rodgers, T. S. (2001). *Approaches and Methods in Language Teaching*. Cambridge, UK: Cambridge University Press.

Ristow, R. S. (1988). "The Teaching of Thinking Skills: Does It Improve Creativity?" *Gifted Child Today, 11*(2).

Sloyer, S. (2003). *From the Page to the Stage; The educator's complete guide to readers theatre*, Connecticut: Teacher Ideas Press.

Swain, M., & Lapkin, S. (1998). Interaction and second language learning: Two adolescent French immersion students working together. *The Modern Language Journal,* 83.

Tang, J. (2002). Using L1 in the English classroom. *English Teaching Forum, 40*(1).

Tyler, B., & Chard, D. (2000). Using readers theater to foster fluency in struggling readers: A twist on the repeated reading strategy. *Reading & Writing Quarterly,* 16.

Wells, G. (1999). Using L1 to master L2: A response to Anton and DiCamilla's "Sociocognitive functions of L1 collaborative interaction in the L2 classroom". *The Modern Language Journal, 83*(2).

Widdowson, H. G. (1974). The deep structure of discourse and the use of translation. In C.J Brumfit, & K. Johnson (Eds.), *The Communicative Approach to Language Teaching.* Oxford, UK: Oxford University Press.

Wood, D. *Theatre for Children: Guide to Writing, Adapting, Directing and Acting.* Chicago: Ivan R. Dee.

Worthy, J., & Prater, K. (2002). "I thought about it all night": Readers theater for reading fluency and motivation. *The Reading Teacher, 56*(3).

Marian, V., & Spivey, M. (2003). Competing activation in bilingual language processing. Bilingualism: *Language and Cognition, 6.*

Young, C., & Rasinski, T. (2009). Implementing readers theater as an approach to classroom fluency instruction. *The Reading Teacher, 63*(1).

연극 활동에 인용된 작품

곽종태(2005). 『신나는 교실영어연극놀이 대본모음 Ⅱ』. 서울: 브레인하우스.

신성희(2015). 『Monster! Monster?』 서울: 북극곰.

클로드부종(2004). 『파란 의자』. 서울: 비룡소.

Briggs, R. (1978). *Snowman*. Random House Books for Young Readers.

Brown, M, W. (2007). *Good Night Moon*. HarperFestival.

Browne, A. (2004). *Into the Forest*. New York: Candlewick.

Burningham, J. (2011). *Edwardo, the horriblest boy in the whole Wide World*. Amazon Digital Services LLC.

Burningham, J. (1994). *Hey! Get Off Our Train!* Dragonfly Books.

Carle, E. (2013). *Rooster is Off to See the World*. New York: Simon Spotlight.

Carle, E. (2012). *Have You Seen My Cat?* New York: Simon Spotlight.

Carle, E. (1993). *Today Is Monday*. New York: The Putnam & Grosset Group.

Clak, E. C. (1998). *I love you, Blue Kangaroo!* New York: Scholastic.

Colandro, L. (2006). *There was an old lady who swallowed a shell!* New York: Scholastic.

Coronin, D. (2002). *Click, Clack, Moo Cows That Type*. London: Pocket Books.

Cowley, J. (2009). *Mr. Whisper*. Seoul: Compass Media.

Donaldson, J. (2006). *The Gruffalo*. New York: Puffin Books.

Donaldson, J. (2013). Play Time. New York: Pan Macmillan.

Eileen Christelow, E. (2012). *Five Little Monkeys Jumping on the Bed*. HMH Books for Young Readers.

Flynn, R. (2011). *Curriculum Based Readers Theater Scripts*. CreateSpace Independent Publishing Platform.

Flynn, R. (2011). *Dramatizing the Content with Curriculum-Based Readers Theatre, Grades 6-12*. The International Reading Association.

Fox, M. (1986). *Shoes from grandpa*. New York: Orchard Book.

Graham, C. (1988). *Jazz Chant Fairy tales*. Oxford: Oxford University Press.

Hoberman, M. (2001). *Very Short Stories to Read Together*. New York: Little, Brown and Company.

Hollenbeck, K. M. (2003). *Easy-to-Read Folktale Plays to Teach Conflict Resolution*. Scholastic Teaching Resources.

Lass, B. (2000). *Who Took the Cookies from the Cookie Jar?* Little, Brown Books for Young Readers.

Long, S. (1999). *Mother goose*. San Francisco: Chronicle books.

Lord, J. V. (1984). *The Giant Jam Sandwich*. Sandpiper Book.

Martin, B., & Archambault, J. (2012). *Chicka Chicka Boom Boom*. Simon and Schuster Books for Young Readers

Martin, J. M. (2002). *12 Fabulously Funny Fairy Tale Plays*. New York: Scholastic.

Neitzel, S. (1989). *The jacket I wear in the snow*. New York: Scholastic.

Numeroff, L. J. (2015). *If I give a mouse a cookie*. HarperCollins.

Pugliano-Martin, C. (2010). *Folk & Fairy Tale Plays for Building Fluency*. Scholastic Teaching Resources.

Scieszka, J. (1994). *The Frog Prince Continued*. Picture Puffin.

Seuss, T. (1996). *Dr. Seuss's ABC: An Amazing Alphabet Book*. New York: Random House Books for Young Readers.

Taback, S. (1997). *There was an old lady who swallowed a fly*. London, UK: Penguin Books.

Wood, A. (1984). *Napping House*. New York: Harcourt.

Wood, A. (1990). *As Quick as a Cricket*. Childs Play Intl Ltd.

연극과 영어 교육
영어 교사를 위한 연극 수업 가이드

초판 1쇄 펴낸 날 2016년 9월 10일

지은이 | 이노경
펴낸이 | 김삼수
편 집 | 신중식·김소라
디자인 | 최인경
삽 화 | 장윤실

펴낸곳 | 상상박물관
등 록 | 제318-2007-00076호
주 소 | 서울시 마포구 월드컵북로12길 20 보영빌딩 6층
전 화 | 0505-306-3336 팩 스 | 0505-303-3334
이메일 | amormundi1@daum.net

ⓒ 이노경, 2016 Printed in Seoul, Korea

ISBN 978-89-93467-29-1   93740

※ 이 도서의 국립중앙도서관 출판예정도서목록(CIP)은 서지정보유통지원시스템 홈페이지
(http://seoji.nl.go.kr)와 국가자료공동목록시스템(http://www.nl.go.kr/kolisnet)에서 이용하
실 수 있습니다.(CIP제어번호: CIP2016007000)